Seelenfrieden für Ihr Vermögen

Eine Geschichte, die Ihnen Ihr Banker nie erzählen würde

Markus Marquardt

Seelenfrieden für Ihr Vermögen

Eine Geschichte, die Ihnen Ihr Banker nie erzählen würde

Markus Marquardt

Originaltitel:
Heal Your Investments
von Alexandre Arnbäck und Trevor Pavitt

Dieses Buch wurde ursprünglich unter dem Titel Guérir vos investissements, une histoire que votre banquier ne vous racontera jamais, von Editions Slatkine, Genf, 2011 in französischer Sprache veröffentlicht.

Dieses Buch soll nur der Information dienen. Die dargestellten Informationen sollen kompetente und verlässliche Hinweise sein, die Ihnen überlegte Entscheidungen zu Ihren Finanzen erlauben. Die Autoren wollen damit jedoch keine finanziellen oder beruflichen Ratschläge erteilen. Falls solche gewünscht werden, empfehlen wir entsprechende Experten anzusprechen. Investitionen beinhalten Risiken einschließlich des möglichen Verlustes des eingesetzten Kapitals. Renditen der Vergangenheit sind keine Garantie für Preisentwicklungen oder Renditen in der Zukunft. Die Autoren wollen und können keine Garantien für die zukünftige Performance empfohlener Anlageformen übernehmen und lehnen jede Verantwortung ab, die sich aus der Verwendung oder dem Einsatz von Inhalten dieses Buches ergibt.

Weiterführende Informationen finden Sie unter:

www.marquardt-kollegen.com
www.seelenfrieden-vermoegen.de

Impressum

Verlag: epubli GmbH, Berlin, www.epubli.de
ISBN 978-3-8442-9240-4 (Print)
ISBN 978-3-8442-9239-8 (E-Book)

Danksagung von Markus Marquardt

Mein herzlichster Dank gilt meiner Familie: Katharina, meinen Eltern, meinen Schwestern Carolin und Cornelia sowie meinen Kindern Letizia, Lionel und Lukas. Sie haben mir einen Wert gezeigt, der weit über allem Finanziellen anzusiedeln ist.

Vielen Dank an meinen Vater, der mich mit viel Hingabe und guten Ideen bei diesem Projekt unterstützt hat.

Vielen Dank an Alexandre Arnbäck, Trevor Pavitt, Lukas Schneider und Christoph Kanzler, die mir die Gelegenheit gaben, die deutsche Fassung dieses Buches zu veröffentlichen.

Vielen Dank an Prof. Dr. Frank Mühlbradt, der mir in meinem Studium durch seine anschaulichen Vorlesungen die Grundlagen für meine berufliche Tätigkeit und die Hintergründe dieses Buches geliefert hat. Seine fachliche Stellungnahme zu diesem Buch war für mich von großer Bedeutung.

Vielen Dank an die ersten Leser, deren Kritik außerordentlich wertvoll war: Dr. Katharina Fuchs, Monika Müller, Stefan Ballnath, Ilja Feldstein, Dr. Gerd Kommer, Philipp Meyer, Martin Koszinowski, Dr. Michael Mandat

und schließlich allen, die anonym bleiben wollen.

Meinungen

„Eine sehr gut zu zu lesende Einführung in nicht spekulatives, rationales, langfristig orientiertes Sparen und Investieren. Dem Leser wird verständlich vermittelt, wie er fundamentale Erkenntnisse von Wirtschaftsnobelpreisträgern einfach in die Praxis umsetzt - mit viel weniger Arbeit und viel weniger Stress als durch die üblichen in der Finanzbrache propagierten Methoden und Produkte. Ein exzellenter Ratgeber für jeden, der langfristig und systematisch Vermögen bilden möchte."
Dr. Gerd Kommer, Finanzökonom und Fachbuchautor

„Das Buch ist eine kurzweilige Lektüre mit vielen wertvollen Aussagen. Richtig ist die Kernaussage, dass die Mehrheit der Fondsmanager mit Aktivmanagement den Markt nicht schlagen kann. Das Plädoyer der Verfasser für das Passivmanagement ist sehr gut nachvollziehbar. Mit der Auswahl der Märkte, in denen passiv investiert werden soll, hat ein Privatinvestor dann auch noch mehr als genug zu tun."
Prof. Dr. Frank W. Mühlbradt
Professor an der Technischen Hochschule Regensburg und
Head of Research, FinanzResearch München

„Der ‚Seelenfrieden mit Geld' ist ein hohes Gut. Ein Werk wie dieses ist deshalb auch etwas Besonderes. Man merkt, es ist mit viel Herzblut und Engagement geschrieben. Deshalb werden die Leser auch mitgerissen."
Monika Müller
Diplom Psychologin, Master Certified Coach
Geschäftsführerin FCM Finanzcoaching

„Das Buch gefällt mir ausgezeichnet. Es ist einfach zu lesen und war auch für mich bereits sehr lehrreich. Für Anleger wird es sicherlich sehr hilfreich sein - besonders in schwierigen Zeiten."
Stefan Ballnath
Versicherungsspezialist
Geschäftsführer Ballnath Assekuranz

„Statt auf Ihren Banker zu schießen, nehmen Sie die Verantwortung Ihrer Finanzen (wieder) selbst in die Hand."
Ilja Feldstein
Berater Finanz und Versicherung

„Ein angenehm zu lesendes Buch, das die immer noch gut gehüteten Geheimnisse der Finanzbranche lüftet. Unbedingt empfehlenswert für jeden, der sein Geld in Ruhe sicher und rentierlich anlegen möchte."
Dr. Michael Mandat, Unternehmensberater

Inhaltsverzeichnis

Vorwort von Markus Marquardt

Wenn ich an meine Schuljahre in den späten 80er und frühen 90er Jahren zurückdenke, erinnere ich mich sehr intensiv an die Art und Weise, wie meine Eltern mich lehrten, mit Geld umzugehen.

Um unser monatliches Taschengeld zu bekommen, mussten meine Zwillingsschwester und ich in einem Vokabelheft fein säuberlich jede Ausgabe und jede Einnahme festhalten. Meine Mutter machte das Gleiche für ihren Haushalt. Am Ende des Monats wurde abgerechnet. Konnten wir den rechnerischen Saldo, der sich nach Einnahmen und Ausgaben ergeben hatte, unserer Mutter in barer Münze vorzählen, war alles korrekt und wir bekamen unser Taschengeld. Fehlte aber Geld in unserer Geldkassette, mussten wir überlegen, welche Position (ein Kaugummi, ein Eis, ein Kinobesuch oder was auch immer) wir in unseren Aufzeichnungen wohl vergessen hatten. Erst wenn die eigene kleine Buchhaltung stimmte, gab es das ersehnte Taschengeld.

Nun könnte man meinen, dass in einer Familie mit einem derart konservativen Umgang mit Geld finanziell nichts schief gehen kann. Das Gegenteil war der Fall.

Mit Einführung des Privatfernsehens musste Sendezeit gefüllt werden und es entstand eine Sendung namens „Telebörse“ mit Friedhelm Busch. Ich erinnere mich noch sehr gut, wie meine Mutter gebannt vor dem Fernseher saß und auf die neuesten Nachrichten vom Börsenparkett wartete.

Alle empfohlenen Aktien wurden notiert, meine Mutter zeichnete die Kurse der beobachteten Aktien auf Millimeterpapier auf, bis ein schöner Chart entstand. Den Aufwand nahm sie gerne in Kauf, musste diese Methode mit so viel Mühe doch dazu führen, dass sie damit den gewünschten Erfolg hätte. Ihr Banker gab ihr natürlich recht und war begeistert, wie gut informiert meine Mutter ihre zahlreichen Käufe und Verkäufe platzierte.

Den Erfolg jedoch hatte dann höchstens der Banker, der sich über die Gebühren freute. Meine Mutter gab später nach vielen Verlusten frustriert auf und musste feststellen, dass diese Art der Geldanlage für sie nicht funktionierte.

Nach meinem Studium mit Schwerpunkt Bank- Finanz- und Investitionswirtschaft stieg ich in die Finanzberatung ein und lernte das Geschäft von der anderen Seite kennen. Die Firmen, für die ich tätig war, arbeiteten mit den renommiertesten Finanz-„Gurus“ zusammen und beschäftigten teure Produktmanager und Analysten. Nach 13 Jahren musste ich inmitten der Finanzkrise feststellen, dass auch dieser hohe Aufwand nicht dazu geführt hatte, dass meine Kunden, die mir ihr hart verdientes Geld anvertrauten, ihre finanziellen Ziele erreichten.

Ich begab mich also auf die Fehlersuche und stellte das gesamte System in Frage. Während meiner beruflichen Laufbahn ärgerte mich immer wieder, dass die Beratung in der Praxis konträr zu den Theorien lief, die ich im Studium gelernt und befürwortet hatte (wir werden im Buch darauf eingehen). Bei etwas näherem Hinsehen stellte ich fest, dass die Theorien richtig waren, Banken und Finanzvertriebe damit aber kein Geld verdienen würden. Mit der Zeit wurde mir klar, was damals bei meiner Mutter und in den letzten Jahren bei mir selbst falsch gelaufen war.

Mit dieser Erkenntnis ausgestattet kehrte ich der herkömmlichen Finanzindustrie den Rücken und gründete das eigene Unternehmen mit dem Ziel, Anlegern zu helfen, die Fehler zu vermeiden, zu denen sie die Finanzindustrie verleitet. Ich stieß in Deutschland und international auf immer mehr Gleichgesinnte – ehemalige Banker und Berater, die wie ich erkannt hatten, wie das dunkle Spiel der Finanzindustrie funktioniert. Alexandre Arnbäck und Trevor Pravitt haben ein anschauliches Buch darüber geschrieben und mich gebeten, die deutsche Fassung zu schreiben:

„Heal Your Investments“

wurde zu

„Seelenfrieden für Ihr Vermögen“.

Wir möchten Anlegern die Hintergründe der Finanzindustrie offen legen und einen Weg aufzeigen, wie sie in aller Ruhe so investieren können, dass sie ihre finanziellen Ziele und Träume sicher und planbar erreichen.

Wir haben bewusst eine einfache Sprache gewählt, die komplexen Sachverhalte möglichst stark entzerrt und diese einfach und verständlich dargestellt. Dennoch darf das Buch nicht als „Do-it-yourself Anleitung" verstanden werden. Nur weil der aufgezeigte Weg einfach klingt, ist er noch lange nicht einfach umzusetzen. Denn finanzielle Entscheidungen sind emotionale Entscheidungen. Wie Sie im Buch erkennen werden, kann man sich den eigenen Emotionen nicht entziehen. Der richtige Berater wird Ihnen helfen, die Emotionen zu verstehen und die Fehler zu vermeiden. Im letzten Teil des Buches zeigen wir auf, wie Sie den richtigen Berater finden, der Ihnen hilft, die geschilderten Sachverhalte konsequent umzusetzen.

Ich hoffe mit diesem Buch dazu beitragen zu können, dass Sie intelligente finanzielle Entscheidungen treffen, Fehler vermeiden und Ihre Ziele und Träume erreichen! Es geht nicht nur um Ihr Geld – es geht darum, wie Sie mit Ihrer Familie Ihr Leben *leben* können!

Geld und Stress

Warum kann Geld so viel Stress verursachen? Es wäre nur zu verständlich, wenn man Angst hätte, dass das Geld nicht für die eigenen Bedürfnisse und die der Familie reicht. Aber warum machen sich Menschen, die wirklich genug davon besitzen und es auf der Bank – einem vermeintlich sicheren Ort – liegen haben, Gedanken um Geld?

Empfinden nur bestimmte Menschen diesen Stress? Hat es etwas mit Alter, Geschlecht oder Gesellschaftsschicht zu tun? Ob man schon in Pension ist oder noch aktiv arbeitet, geizig oder verschwenderisch ist, sich mit Finanzen auskennt oder blutiger Laie ist? Wenn man darüber nachdenkt, kann nichts davon die Seelenqualen eines Investors erklären. Sogar die Menge an Geld spielt keine Rolle: Millionäre, Leute mit komfortablem Gehalt und auch Menschen mit einem kleinen Einkommen haben die gleiche Angst vor Verlusten: Ob wir über 100 Millionen EUR oder 100.000 EUR reden – immer die gleiche Geschichte. Sogar das Risiko, nur 5 % zu verlieren, lässt sich nicht vernünftig fassen und kann einem nächtelang den Schlaf rauben.

Jeder, der etwas gespart hat, begegnet früher oder später dem Risiko von Verlusten.[1] Das heißt natürlich nicht, dass der Besitz von Geld per se ein Problem darstellt. Das Problem resultiert eher daraus, wie man das Geld verwaltet.

Wer war nicht alarmiert oder zumindest besorgt über die Gerüchte, dass die UBS in der Schweiz bankrott wäre,[2] über die Kerviel/ Société Générale - Affäre in Frankreich[3] oder die Weltfinanzkrise 2008? Die Finanzblätter sind voll von Geschichten über große Finanzinstitute, die Milliarden über Nacht verloren haben, obwohl ihnen die besten Spezialisten zur Verfügung standen. Angesichts solcher Ereignisse ist es ganz normal, Angst um die eigenen Investitionen zu haben, egal was Vermögensverwalter uns erzählen. Man erinnert sich wieder an die beruhigenden Worte des Bankers und die guten und schlechten Nachrichten, die er so vernünftig erklärt hat. Er scheint die Situation immer im Griff zu haben – und trotzdem hat man Angst.

Eine einfache Analogie erklärt, warum:

Im Alter zwischen zwei und fünf Jahren haben Kinder oft Angst vor der Dunkelheit. Im Dunklen fühlen sie sich vollkommen desorientiert und können sich nicht mehr an die Einrichtung ihres Zimmers erinnern. Wie herum steht das Bett? Wo ist die Lampe, wo die Tür? Sie verlieren die Kontrolle über ihre Umgebung und werden panisch, egal, wie sehr die Eltern sie beruhigt haben, als sie sie ins Bett brachten.

Investoren kennen das Gefühl. Die Dunkelheit ist für sie die Unsicherheit rund um ihre Investitionen. Sie mögen ihrem Banker bedingungslos

---

1 National Survey by the American Psychological Association (APA), International survey by Reader's Digest in 2006, Study by the University of Cambridge, 2008.

2 Zurichers say „UBS won't go bankrupt like Swissair." *www.bloomberg.com*, 02.10.2008.
Frédéric Goujon, „Et si UBS faisait faillite?" Toutes Taxes Comprises (Swiss television series, TSR 1), 09.03.2009.

3 Claire Gatinois and Anne Michel, „Société Générale: six questions sur une fraude." *Le Monde*, 26.01.2008.

vertrauen und sich all die detaillierten Erklärungen anhören, die jedes Steigen oder Fallen ihrer Aktien erklären, und verstehen trotzdem das Einmaleins ihrer Geldanlage nicht ganz.

„Ihre Aktien sind gestiegen, genau wie ich mir das gedacht habe, weil alle Indikatoren günstig standen" oder vielleicht auch „Ihre Aktien sind gefallen, weil man dieses oder jenes Ereignis, das den Verlust ausgelöst hat, einfach nicht vorhersehen konnte". Beide Szenarien scheinen sich um die gleiche schräge Analyse des Bankers zur gegenwärtigen Situation zu drehen. In Wirklichkeit aber verlässt sich jedes Szenario auf Vorhersagen. Und weil niemand die Zukunft vorhersagen kann – nicht einmal der brillanteste Finanzwissenschaftler oder der erfolgreichste Banker – führt diese große Unbekannte zu Dunkelheit und Stress.

Ein weiterer Faktor, der zu Unsicherheit führt, ist die Schwierigkeit, den Einfluss eines Gewinnes – oder besonders eines Verlustes – auf das Gesamtportfolio einzuschätzen. So wie ein Kind im Dunklen die wohlbekannten Orientierungspunkte (Bett, Lampe, Tür ...) nicht mehr findet, ist auch ein Investor wegen des nebulösen Verständnisses seiner Investitionen unsicher, wie er seine Verluste in Bezug auf das richtige Leben interpretieren soll. Entspricht der Verlust einem Monat Urlaub? Der Ausbildung seines Jüngsten? Der vorgezogenen Pension, von der er geträumt hat? Wenn Sie beispielsweise herausfinden würden, dass sie 25 % ihres Aktienkapitals verloren haben, was würde diese Zahl im wirklichen Leben bedeuten? Das eigentlich Wichtige ist nicht zu verstehen, weshalb sich die Prognosen des Bankers als richtig oder falsch erwiesen haben, sondern einschätzen zu können, welche genauen Auswirkungen ein Verlust haben wird. Die Sorgen eines Investors drehen sich schließlich nicht um Zahlen oder Prozente, sondern darum, was er mit dem entsprechenden Geld hätte anfangen können – oder nicht.

Das dunkle Zimmer spornt die Vorstellungswelt eines Kindes an und setzt alle möglichen Ängste frei. Genauso, wie die Fähigkeit, seine Umwelt zu erfassen, abnimmt, wird auch seine Wahrnehmung von Formen und Geräuschen immer weniger rational, bis es schließlich zu weinen anfängt, weil es glaubt, das Zimmer sei voller Monster und Hexen. Das Gleiche passiert dem Investor, der keinen klaren Blick auf seine Finanzsituation hat. Er fällt Zweifeln zum Opfer, die sein Urteilsvermögen beinträchtigen und ihn zu falschen Entscheidungen führen.

Nehmen wir die Swissair – die Prestige-Airline, die 2002 in den Konkurs ging. Stellen Sie sich vor, Sie hätten Aktien des Unternehmens gehabt, als 14 Tage vor der Pleite die ersten Gerüchte aufkamen. Sie merken gerade, dass Ihre Aktien die Hälfte ihres Wertes verloren haben. Was sollen Sie machen?

Ihr Banker hatte Ihnen geraten, Ihr Geld in Swissair-Aktien anzulegen, aber er lag falsch. Egal wie gut fundiert seine Analyse war, sie basierte auf einer Prognose. Sie fangen an zu zweifeln. Wenn dieser Experte so einen Fehler gemacht hat, wie können Sie ihm weiter vertrauen – und wem kann man denn überhaupt noch trauen?

Um Ihren nächsten Schritt zu planen, versuchen Sie jede verfügbare Information auszuwerten. Einige Zeitungen behaupten felsenfest, dass die Schweizer Regierung ihr Flaggschiff nie in Konkurs gehen lassen wird. Wäre es also gescheiter, nichts zu tun, weil das Unternehmen ohnehin von der Regierung gerettet wird und die Aktien dann irgendwann wieder steigen? Sollten Sie am Ende noch mehr Swissair-Aktien kaufen, in der Überzeugung, dass das der einzige Weg ist, die Verluste wieder aufzuholen? Oder sollten Sie besser alles verkaufen, damit sie nicht noch mehr verlieren?

Belagert von solchen Zweifeln und ohne die richtigen Informationen oder Methoden für eine vernünftige Entscheidung haben viele Investoren dann irrational gehandelt. Sie sind der leisen Stimme in ihrem Kopf gefolgt, die sie immer wieder an die Monster im Dunklen erinnert hat. Sie ließen sich unter wachsendem Stress von vagen Intuitionen leiten – ihren Emotionen. Es gibt aber kaum einen Bereich im Leben, in dem es vorteilhaft ist, sich von seinen Emotionen hinreißen zu lassen. Zweifel und das Gefühl, schnell handeln zu müssen, führen uns direkt in Fehlentscheidungen.

Die bessere Art, in Krisenzeiten zu agieren, ist, sich mit Dingen zu befassen, die man unter Kontrolle hat. In unserem Swissair-Beispiel hätte sich der Investor fragen können: „Ab wann fängt ein Verlust an, meine Pläne zu stören?“ Diese einfache Rechnung ist schon ein guter Barometer. Wenn wir unsere Limits finden und festlegen, können wir schon Verhaltensregeln aufstellen. Wir agieren bereits kontrolliert.

Wenn Ihr Banker behauptet „Dieses Produkt ist riskanter, Sie können sowohl größere Gewinne, aber auch größere Verluste machen“ – haben Sie dann eine klare Vorstellung dieses Risikos? Wissen Sie dann, welche Verluste noch tragbar sind? Hier liegt die Gefahr, hier lauern Ihre „Monster“ und Ihre Stressauslöser. Der Fehler liegt nicht darin, Geld zu riskieren, sondern darin, dass Sie nicht rechtzeitig festgelegt haben, wie viel Sie investieren wollen oder können und wie viel Sie zu verlieren bereit sind.

Die Zügel wieder selbst in die Hand nehmen

Man muss die Wurzel eines Problems finden, um es lösen zu können. Es gibt dazu einfache Schritte, wie man weiterkommt und auch wirksame Methoden, wieder Seelenfrieden zu finden.

Sie werden sich erinnern, dass beruhigende Worte eines Erwachsenen einem Kind nicht helfen, seine Furcht vor der Dunkelheit zur verlieren. Es muss vielmehr mit Hilfe der Eltern die eigenen Fähigkeiten entdecken lernen.

In ähnlicher Weise ist Ihr erster Schritt als Investor, die Zügel für Ihre Finanzen wieder selbst in die Hand zu nehmen. Schließlich kann sich niemand besser um Ihre Interessen kümmern als Sie selbst. Das soll nicht heißen, dass Sie all Ihr Geld von der Bank abheben sollen. Nein, Sie sollen die Zügel in die Hand nehmen und Ihrem Banker vorgeben, wie er für Sie arbeiten soll. Investoren müssen wissen, dass Banker auch ihren Aktionären verpflichtet sind und deren Interessen oft vor die Interessen der Kunden stellen.

So wie die Ängste eines Kindes verschwinden, wenn das Licht angeht und es die Konturen seines Zimmers wieder erkennen kann, muss auch der Investor seine Ziele ins Licht bringen – die Wünsche und Notwendigkeiten, die mit der Zukunft seiner Geldanlage verbunden sind. Hier heißt es, einen genauen Plan zu erstellen – eine Liste der Dinge, die Sie in den nächsten Jahren erreichen wollen. Dieser Plan legt die allgemeine Richtung für Ihre Investition fest und beinhaltet auch, welches Risiko Sie eingehen wollen.

Nachdem jetzt alles wieder im Hellen ist, was das Kind so erschreckt hat, nimmt es sein Zimmer wieder in Besitz und merkt, dass es alles im Griff hat. Das Gleiche passiert, wenn der Investor seinen Plan aufgestellt hat: Er legt Referenzpunkte fest, die es ihm erlauben, in Krisenmomenten rational zu handeln und nicht nur emotional.

Wenn Sie nun die Führung übernehmen und Ihrem Banker Direktiven für Ihre Geldanlage geben, müssen Sie unbedingt eine Regel beachten: Stellen Sie sicher, dass Sie immer mit Sachkunde investieren. Legen Sie

Ihr Geld in einfachen, robusten Anlageformen fest, deren Hintergründe Ihnen völlig verständlich sind.

Erinnern Sie sich z. B. an die Affäre um Bernard „Bernie" Madoff. Alle Investoren, die betrogen worden sind – vom erfahrenen Privatier bis hin zum blutigen Anfänger – hatten eines gemeinsam: Keiner verstand eigentlich, woraus die magische Madoff-Formel bestand. Wenn jemand die Masche verstanden hätte, wäre sie nie gelaufen.[4]

Die Eltern stellen dann schließlich eine Nachttischlampe ans Bett, um ihr Kind zu beruhigen: Sobald Sie Ihren Plan erstellt und die Direktiven gegeben haben, in welchen für Sie wirklich verständlichen Anlageformen Ihr Geld investiert werden soll, besteht Ihr Sicherheitsnetz – „Ihre Nachttischlampe" – darin, einige Male im Jahr nach Ihren Investitionen zu schauen, damit Sie sicher sind, dass Ihr Banker Ihre Vorgaben befolgt.

Die Kombination dieser einfachen Regeln erlaubt Ihnen, alle Ängste um Ihre Investitionen beiseite zu legen. Damit die Methode auch in Ihrer persönlichen Situation funktioniert, brauchen Sie etwas objektives Wissen zu den Marktmechanismen und zum kleinen Einmaleins des Vermögensmanagements. „Schalten wir jetzt das Licht an" und untersuchen die kolossale Maschinerie der Finanzmärkte und die Hauptaspekte des traditionellen Managements!

Dieses Buch ist dreigeteilt.

Im **ersten Teil** werden wir die Mechanismen der Finanzindustrie betrachten, ihre Schwachstellen feststellen und zeigen, wie sie das traditionelle Vermögensmanagement – das **aktive Management** – beeinflussen.

Im **zweiten Teil** finden wir heraus, wie man diese Schwierigkeiten umgehen kann, indem man einen anderen Ansatz – das **passive Management** – wählt, der sich auf Fakten bezieht und all den Stress vermeidet, der sonst mit Geldanlagen einhergeht.

Für alle, die genauere Erläuterungen zu den verschiedenen Themen suchen, die in den ersten beiden Teilen diskutiert werden, gibt es **finanztechnische Anmerkungen im dritten Teil** am Ende des Buches.

---

4 Sylvain Cypel, „Comment 'Bernie' les a tous bernés." *Le Monde*, 16.12.2008.

Teil I: Ans Licht gebracht: Die Finanzindustrie und ihre Mängel

Frischer Fisch oder Nestlé: Die Geschichte bleibt die Gleiche

Die Gesetze von Angebot und Nachfrage

So verwirrend Finanzmärkte auch scheinen mögen, das System dahinter ist nicht wirklich komplex. Es funktioniert ziemlich einfach: Der Markt ist ein Ort, an dem sich Verkäufer und Käufer treffen, um ihre Geschäfte abzuwickeln. Auf der einen Seite stehen Unternehmen, die Geld brauchen und damit Investoren die Chance geben, es in ihr Potential zu investieren, um daran zu verdienen. Auf der anderen Seite suchen Investoren nach den besten Aktien oder den potentesten Unternehmen, um ihr Geld zu vermehren.

Der Finanzmarkt ist eine ganz normale „Tausch-Arena". Stellen Sie sich z. B. vor, Sie gehen auf einen Fischmarkt. Schon am Eingang begrüßt Sie der Geruch nach frischem Fisch. Sie sehen viele Marktstände von Fischern und Fischhändlern, von denen jeder versucht, den besten Preis für seinen Tagesfang zu bekommen. Sie hören den Lärm der Familien und Restauranteinkäufer, die alle nach dem frischesten Fisch zu den niedrigsten Kosten suchen.

> *Der Aktienmarkt besteht aus vielen Käufern und Verkäufern, die Zugang zu den gleichen Informationen haben. Wenn Sie glauben, Microsoft sei bei 29 USD pro Aktie billig, wetten Sie darauf, dass Sie etwas wissen, das der Händler von Fidelity oder Goldmann Sachs oder irgendeines Hedgefonds noch nicht herausgefunden hat.*
>
> ***Pat Regnier, Journalist***

Der Verkäufer kann für seinen Fisch jeden Preis verlangen, den er mag. Er muss dabei natürlich den Bedarf, das Portemonnaie seiner Kunden und die Preise an den anderen Ständen im Auge haben. Der Markt ist immer ein Wettbewerbsfeld, egal ob Kabeljau oder Nestlé-Aktien verkauft werden. Wenn ein Verkäufer seinen Fisch für 20 EUR/kg anbietet und der Nachbarstand den gleichen für 10 EUR/kg verkauft, geht er das Risiko ein, seinen Fang nicht ganz zu verkaufen und so Geld zu verlieren.

Ein ausgewogener Preis liegt in einem engen Rahmen irgendwo zwischen dem Preis, zu dem Verkäufer verkaufen möchte und dem, den der Käufer bereit ist, zu bezahlen.[5] So wie der Fischer seinen Preis nicht unter den Punkt senken kann, an dem er das Geld verliert, das er benötigt, um weiter fischen zu können, so kann auch der Käufer mit Rücksicht auf seine anderen Bedürfnisse nicht mehr zahlen, als sein Budget erlaubt. Das Problem liegt nun aber darin, dass beide Limits von einer Unzahl von Faktoren bestimmt sind. Deshalb ist auch der Fischmarkt wie alles in unserem Leben nicht sicher vor plötzlichen Umwälzungen.

Vielleicht hat eine Ölpest das Leben im Meer vernichtet. Oder die Fischerboote konnten wegen eines Sturms nicht auslaufen. Oder es ist plötzlich illegal, mit Netzen zu fischen. Es gibt hunderte unvorhersehbare Gründe, warum die Fänge der Fischer plötzlich schwinden und die Marktstände weniger Fisch zu verkaufen haben. Weil aber immer noch genauso viele Leute kaufen wollen wie vorher, wird Fisch zu einer gefragten Ware und die Fischer können die Preise anheben.

Die Nachfrage kann den Preis aber genauso beeinflussen wie das Angebot. Wenn aus irgendeinem Grund von einem Tag auf den anderen auf dem Markt weniger los ist, müssen die Fischer ihren Fang billiger verkaufen, um ihre Verluste zu minimieren.

5 Alfred Marshall, *Principles of Economics*, 8th ed. New York : Cosimo Inc., 2009.

Die Finanzprognose

Diese Marktzyklen, sowohl die positiven als auch die negativen, lassen sich in keiner Weise vorhersagen. An der Börse werden jedes Jahr Milliarden an Finanz-Analysten bezahlt, die vorhersagen, welche Aktien steigen und welche fallen.[6] Ihr Fachwissen beruht auf raffinierten Untersuchungen. Können sie aber auch eine Ölkrise, einen Staatsbankrott oder eine Naturkatastrophe antizipieren? Marktpreise werden nicht nur von nationalen oder globalen Ereignissen beeinflusst. Auch nur allzu menschliche Regungen, wie frivol sie immer sein mögen, können heftige Auswirkungen haben. 1998 machte während der Nachrichten zum „Monica Lewinski Skandal" im Weißen Haus – einer intimen Beziehung zwischen zwei Erwachsenen – der Dow Jones Industrial Average eine Abwärtsdelle.

Ob Sie es glauben oder nicht, der menschliche Faktor und die Natur im Allgemeinen haben – obwohl prinzipiell nicht vorhersehbar – wesentlichen Einfluss auf die Finanzwelt. Der Markt schwankt als Reaktion auf die unterschiedlichsten Parameter, die jeden Tag die Aktienpreise verändern.[7]

Zwei Dinge sind sicher:

- *Niemand kann die Zukunft vorhersagen*
- *Auch in der Finanzwelt kann niemand die Zukunft vorhersagen*

Das Finanzwesen ist keine exakte Wissenschaft, obwohl das oft so dargestellt wird. Von dieser falschen Vorstellung profitiert die Finanzbranche. Wir lassen uns von Spezialisten mit ihrer scheinbaren Logik, die sich auf einen riesigen Zahlenfundus stützt, aufs Glatteis führen, oder von Berechnungen, die uns die Sicht auf die Grundprinzipien der Finanzwelt verstellen. Die Finanzwirtschaft ist eine menschliche und soziale Wissenschaft ohne mathematische Genauigkeit. Dieses Kerncha-

---

6 Mark Hulbert, „Can you beat the Market? It's a $100 Billion Question." *New York Times*, 09.03.2008.

7 „The price of any stock is unpredictable." Paul A. Samuelson, „Proof That Properly Anticipated Prices Fluctuate Randomly." Industrial Management Review 6:2 (1965): 41.

rakteristikum macht deshalb jederlei Prognose unmöglich. Und wenn schon niemand den Preis für Fisch auf dem Dorfmarkt im Vorhinein weiß, wie kann er dann die Preise auf den wuchernden internationalen Finanzmärkten vorhersagen?

Die schizophrene Bank

Verschiedenste Akteure spielen auf der riesigen Bühne des Finanzmarkts eine Rolle. Die verschiedenen Finanzberufe sind schwer zu definieren und zu sortieren. Schauen wir uns zunächst die beiden Hauptaktivitaten einer Bank an, um zu verstehen, wie eine Bank arbeitet.

Die Bank als Tresor

Die vorrangige Funktion einer Bank ist die sichere Verwahrung der Depots, um die physische Sicherheit von Geld zu gewährleisten. Außer diesem Service stellt eine Bank auch andere Annehmlichkeiten zur Verfügung wie Buchführung, Überweisungen, Scheckbücher, Kreditkarten und Kredite an Einzelpersonen oder Unternehmen.

Die Menschen, denen diese logistischen und Verwaltungstätigkeiten obliegen, sind quasi das „Back-Office“ oder das Verwaltungspersonal, das die Anweisungen der Kunden ausführt.

Auf diesem Niveau ist das Verhältnis zwischen Bank und Kunde klar und überschaubar. Der Kunde versteht die Dienstleistung der Bank und die Gebühren, die er dafür bezahlen muss.

Mit diesen Grundtätigkeiten kann sich der Banker schon einen ordentlichen Lebensunterhalt verdienen – aber nicht mehr, als sagen wir einmal ein Supermarktleiter, dessen Ladenkette die gleichen Produkte zu ähnlichen Preisen verkauft wie andere Ladenketten. Weil alle Banken Depots anbieten, müssen sie wettbewerbsfähig bleiben, so dass damit auch die Angebote und Gebühren in der gesamten Branche vergleichbar werden.

Jeder weiß aber, dass es einen Riesenunterschied zwischen dem Gehalt eines Supermarktleiters und dem eines Bankers gibt. Wie kann der Banker also so viel mehr verdienen?

Die Bank als Spielcasino

Zusätzlich zu ihrem Depotservice haben Banken neue Betätigungsfelder gefunden: Sie entwickeln und verkaufen Finanzprodukte.

Hier wird der Banker ein bisschen zum Werbefunksprecher, der die Käufer aufruft, die neuesten Rabattaktionen zu testen. Geschäfte machen oft den besten Profit mit Sonderangeboten, wenn sie ihre Ware an den Mann bringen wollen: „Nur diese Woche: Alt für neu – jedes Haushaltgerät im Angebot. Bringen Sie Ihren alten Toaster, Ihren Küchenquirl oder Ihre Kaffeemaschine und holen Sie sich das neuste Modell – zu Tiefstpreisen! Aber beeilen Sie sich – die Aktion läuft nur bis morgen!"

Auch Banken werben für ihre Finanzprodukte und nutzen Vermögensverwalter, Analysten und Berater, um mit ihren Kunden Geschäfte zu machen – genau wie im Supermarkt. Es reicht nicht, die Einkaufsliste abzuarbeiten, den Einkaufswagen voll zu packen und dann zur Kasse zu gehen. Nein – Sonderangebote verlocken sie noch dazu, „Geld zu sparen", indem sie noch mehr kaufen.

Auch Banker haben ein ganzes Arsenal von Marketingtricks um ihre Finanzprodukte zu verkaufen. Kapitalgarantie! Zweistellige Renditen! Enorme Wertentwicklung! Ihre „sensationelle"Verkaufsmasche strotzt vor Begriffen, die einen kaum noch kritisch denken lassen und von den entscheidenden Fragen ablenken: Woraus genau bestehen eigentlich diese Wunderprodukte? Und vor allem, bedienen sie einen wirklichen Bedarf? Denken Sie immer daran, dass die neuen Fonds, die die Banken entwickeln, aus Produkten bestehen, die es bisher schon gibt. Stückweise verkaufte Äpfel haben die gleichen Eigenschaften, wie die in der Packung aus dem Sonderangebot. Einziger Unterschied: Wenn Sie die Packung nehmen, kaufen Sie mehr, als Sie wirklich brauchen. Auch die Produkte, die die Bank anbietet, entsprechen selten den finanziellen Zielen ihrer Kunden. Im Nebel, der diese Geldanlagen umgibt, werden sie dann von den glitzernden Gewinnversprechen geködert.

Woher wissen wir, worauf der Banker bei der Zusammenstellung eines Portfolios Wert legt? Wie können wir sicher sein, dass er die besten Produkte auswählt und nicht einfach die, die ihm die höchste Provision bringen? Für all diese Transaktionen wird der Banker natürlich ordentlich vergütet.[8] Wie wir im nächsten Kapitel ausführlicher sehen werden, ist das Provisionssystem eine wahre Goldgrube für den Bankensektor.

Neben ihrer Tresor-Funktion verdienen die Banken ein Vermögen an den Transaktionen ihrer Kunden. Die Kunden verfangen sich in den Marketingmanövern und werden überredet, Bankprodukte zu kaufen. Auf diese Art häuft der Bankensektor Millionen an und die Banker sammeln ihre Boni.

Zur Verkäuferfunktion der Banken – dem Verpacken von Finanzprodukten – gehört auch eine ausgeklügelte Kampagne zur Beeinflussung der Kundenentscheidungen. Je geschickter der „Berater" dabei ist, Kunden zu ständigen Käufen und Verkäufen zu verleiten, je mehr Transaktionsaufträge vorliegen, umso mehr verdient die Bank und ihre Banker. Deshalb verkünden diese natürlich gerne Wunder, die ihr Produkt wirken kann und Vorteile, die keiner der Wettbewerber bietet, um weitere Verkäufe in die Wege zu leiten. Die gleichen Tricks finden wir in den Supermarktanzeigen – das Drängen zum Kauf und die Supereigenschaften der sogenannten Sonderangebote.

Natürlich beruht die Beratung in einer Bank auf echten Marktanalysen. Hinter dem Berater und dem Produkt, das er anbietet, stehen Armeen von Analysten, Brokern, Händlern usw., die alle daran arbeiten, die vielversprechendsten und attraktivsten Produkte zu ermitteln und anzubieten. Damit man z. B. einen Kunden überzeugen kann, in China zu investieren, heuert die Bank zunächst ein Team von Spezialisten an, das dafür zuständig ist, die besten chinesischen Unternehmen auszuwählen. Anschließend lässt sie Vermittler die zugehörigen Aktien kaufen. Daraus kreieren Strategen und Anwälte dann die Produkte. Schließlich entwickeln die Marketingleute eine verführerische Verpackung, um Investoren anzulocken.[9] Die Beratungsleistung einer Bank erfordert also jede Menge Vorbereitungsarbeit und Kosten, weil die Experten in allen Bereichen natürlich bezahlt werden müssen.

---

8 Jean-Claude Péclet, „Comment payer mon banquier?" *Le Temps*, 02.02.2009. Mark Hulbert, „Can you beat the Market? It's a $100 Billion Question." *New York Times*, 09.03.2008

9 Schauen Sie sich mal um: Es ist ganz offensichtlich, dass die Marketingkosten zu den Hauptausgaben der Banken zählen.

Der Schwachpunkt

Der Banker behauptet,[10] über seine Beratung signifikanten Mehrwert zu liefern. Seine Analyse ist rigoros und er ist davon überzeugt, dass er seinem Kunden hilft, die besten Geldanlagen zu finden. Schließlich hat er spezielle Informationen, die der Kunde nicht hat.

Vergessen wir aber nicht, wie Angebot und Nachfrage Preisschwankungen und Marktklima beeinflussen können. Obwohl der Banker seiner Ansicht nach eine neutrale Position zwischen Verkäufer (den Unternehmen, die Aktien anbieten) und Käufer (seine Klientel von Investoren) einnimmt, unterliegt er doch nicht weniger den beachtlichen Risiken, die mit Finanzgeschäften einhergehen.

Um die Grenzen des Bankers zu verdeutlichen, werfen wir uns doch mal in einen Smoking oder ein Abendkleid und gehen in ein Spielcasino.

Der Banker ähnelt dem Bekannten, den wir gerade am Roulettetisch aufgegabelt haben. Er berichtet mit voller Überzeugung: „Ich hab' den Tisch jetzt über eine Stunde beobachtet und die Ergebnisse von allen anderen Spielern mitgeschrieben – alle Zahlen und Farben, die gekommen sind. Wenn Du gewinnen willst, setze auf Rot!" Die Geduld, die dieser Beobachter aufgebracht hat, lässt seinen Tipp richtig wertvoll erscheinen (genau wie beim Banker mit seinen Analysen), aber die kapriziöse kleine Kugel kann genauso gut auf Schwarz landen. Ja, klar kann man den Jackpot gewinnen, aber man riskiert auch, alle seine Chips zu verlieren.[11] *Mit seinem Drängen, auf Rot zu setzen, hat der Experte beim ersten Mal Recht. Er bietet weitere Prognosen an und wir gewinnen auch die nächsten beiden Male. Bedeutet das, dass er beim Roulette „unschlagbar" ist? Dass ihm sein Wissen und sein „Geschick" beim Spiel erlauben, die Resultate der Kugel besser als andere Spieler zu überwachen? Natürlich nicht!*

---

10 Standard & Poor's, Standard & Poor's Indices Versus Active Funds Scorecard, Year End 2008, www.spiva.standardandpoors.com, April 2009.

11 Past performance is no guarantee of future results: Christopher R. Balke and Matthew Morey, „Morningstar Ratings and Mutual Fund Performance." Fordham University's Graduate School of Business, 22.12.1999.
Anna Robaton, „FRC Study Raps Morningstar Ratings: All-Star Battle Over Performance." Investment News, 29.03.1999.
„Why Top Performance Is a Poor Indicator of Future Performance," report by Smith Barney Consulting Group, 1997.

Resümee

Trotz ihrer offensichtlichen Grenzen sind Finanzprodukte immer faszinierend. Mit diesem „Zauber" stimulieren Banken immer wieder Energien und Enthusiasmus, ohne konkrete Werte zu schaffen.[12]

Der Investor muss also lernen, die Tresor-Funktion der Banken von ihrer Beratungs- (oder Verkaufs-)Funktion zu unterscheiden. Service bieten und Träume schaffen sind, obwohl so verschieden, die beiden Pole des Bankgeschäftes und werden nur zu oft in der öffentlichen Meinung durcheinander gebracht. Natürlich ist es sehr praktisch und sogar unbedingt notwendig, die Tresore der Bank zu nutzen. Aber warum soll man denn dem Banker den Schlüssel geben?

> *Die Lieblingsmasche der Wall Street ist, glauben zu machen, dass Glück gleichbedeutend mit Können sein soll.*
>
> *Don Ross, Volkswirt*

12 Berkshire Hathaway Inc., annual report, 2005.

„Drei glorreiche Halunken“: Berater, Gebühren, Interessenkonflikte

In den meisten Fällen berät der Banker in seiner Rolle als Experte in gutem Glauben. Wenn er seine Kunden behalten will, muss der Banker dafür sorgen, dass das Vermögen seiner Kunden wächst oder dass zumindest Verluste verhindert werden. Dieses stillschweigende Übereinkommen zwischen Banker und Kunde führt zu einem legitimen Vertrauensverhältnis – außer bei Gebühren. Wenn Ihr Banker Ihr Vermögen verwaltet, bezahlen Sie vier verschiedene Gebührenarten für Ihr Geld, was nur die wenigsten Investoren wirklich begreifen.

Die Verwaltungsgebühr

Die Verwaltungsgebühr ist die Gebühr, die der Banker oder Vermögensverwalter für die Verwaltung der Anlage verlangt. Investoren neigen dazu, diese offensichtliche Gebühr in den Vordergrund zu stellen und übersehen dabei die laufenden Gebühren, aus denen sich der Verdienst der Bank ergibt. Immerhin ist das ein imposanter Baum – aber einer der sich in einem dichten Wald versteckt.[13] Es ist natürlich ganz logisch, dass man für eine Dienstleistung auch bezahlen muss, aber das Banksystem und andere Vermögensverwalter hören hier noch lange nicht auf abzuschöpfen.

Die Transaktionsgebühr

Zusätzlich zur Verwaltungsgebühr wird der Banker auch für jede Transaktion bezahlt. Es ist deshalb in seinem Interesse, möglichst viele Transaktionen anzustoßen und die Häufigkeit von Kauf und Verkauf zu steigern.

---

13 Brad M. Barber, Terrance Odean, and Lu Zheng: „Investors would benefit from a greater understanding and awareness of mutual fund expenses ... Expenses that remain out of sight are likely to remain out of mind." Zitat aus:„Out of Sight, Out of Mind: The Effects of Expenses on Mutual Fund Flows," Journal of Business 78 (2005): 2095–2119.

Wenn die Coca Cola Aktien, die er zu 100 EUR in Ihr Portfolio gekauft hat, plötzlich auf 120 EUR steigen, hören Sie wahrscheinlich: „Zeit, Kasse zu machen. Verkaufen wir Coca Cola und kaufen Nestlé. Die kosten gerade 90 EUR und steigen sicher ganz schnell!" Das heißt konkret, dass Ihr Banker 1 % von den 100 EUR (Kauf der Coca Cola Aktien), 1 % von den 120 EUR (Verkauf der Aktien) und nochmal 1 % von den 90 EUR (Kauf der Nestlé Aktien) kassiert.

Jetzt stellen Sie sich das entgegengesetzte Szenario vor: zurück am Roulettetisch. Nach dem Adrenalinschub bei seinem ersten Verlust fängt der Banker an zu wüten: „Schwarz?! Was für ein verdammtes Pech!! Ich bin mir meiner Wahrscheinlichkeitsberechnungen doch vollkommen sicher. Ändern wir die Taktik und setzen wir auf ungerade Zahlen, die waren schon seit einer halben Stunde nicht mehr da. Jetzt ist der perfekte Moment!"

Wenn dieser Experte ein Banker wäre, hätte er 1 % für das Setzen auf Rot verlangt, 1%, um Rot zu verkaufen – trotz des Verlustes – und 1 % für das Setzen auf die ungeraden Zahlen.[14]

In beiden Fällen lädt der Banker unbeschadet seines Vertrauens zu weiteren Transaktionen ein, von denen er immer wieder profitiert. Wenn er Nestlé kaufen möchte oder auf ungerade Zahlen setzen, manipuliert er Sie nicht unbedingt, seine Prognose basiert auf einer gründlichen Analyse. Trotzdem darf ein Investor nicht vergessen, dass seine Bank an dauerndem Handel interessiert ist. Der schlechteste Kunde für einen Banker ist der, der auf seinem Stand beharrt und sich weigert mit seinen Aktien zu handeln. Wenn jeder Kunde sich so verhielte, würde auch ein Vermögensverwalter nicht mehr verdienen als ein einfacher Ladenbesitzer.

Die „Kickbacks"

Die heimtückischsten aller Gebühren sind die Kickbacks.

Ihr Berater schlägt vor, japanische Aktien zu kaufen. Er ist aber kein Experte auf diesem Markt und weiß nicht, welche Aktien man da kaufen oder verkaufen soll. Er sucht einen Verkäufer mit Japanerfahrung, der das für ihn machen soll.

---

14 Philip Coggan, „The fund-management industry has done very well – but mainly for itself." *The Economist*, Special Report, „Money for Old Hope." 01.03.2008. Siehe Technische Hinweise, „Die verschiedenen Gebührenniveaus„.

Sagen wir, er kauft Anteile eines japanischen Investmentfonds. Weil der japanische Fonds seine Produkte über Ihren Berater verkauft, gibt er ihm eine Provision. Diese Provision nennt man „Kickback".

So schlägt jeder Verkäufer auf den Preis *Kickbacks* für seinen Händler auf. Das heißt, dass die meisten Finanzberater eigentlich von den Verkäufern bezahlt werden, wenn sie das Geld ihrer Kunden anlegen. Das sieht zwar nach einer nicht weiter bemerkenswerten Art aus, sein Geld zu verdienen, hat aber entscheidende Konsequenzen bei der Wahl einer Geldanlage. Der Berater wird ermutigt, zunächst nach seinem eigenen Profit zu schauen – oft zum Schaden des Investors. Wenn wir diese Situation auf die Pharmaindustrie übertragen, hätten wir Ärzte, die *Kickbacks* erhalten, wenn sie deren Medikamente verschreiben (In Deutschland gerade ein großes Thema! Anm. des Übersetzers). Jetzt stellen Sie sich vor, diese *Kickbacks* wären dreimal so hoch wie das Honorar des Arztes für Ihren Besuch in der Praxis …

Warum bevorzugt ein Berater bestimmte Fonds? Vermögensmanagement wird hier mit Interessenkonflikten überfrachtet.[15] Woher wissen Sie am Ende, ob Ihr Berater einen bestimmten Verkäufer wegen der Qualität seiner Produkte gewählt hat oder eher wegen der Rückvergütung, die er von ihm erhält?[16] Wir achten zwar meistens auf die Transaktionsgebühren, merken aber nichts von den *Kickbacks*. *Kickbacks* erscheinen nie auf unserem Kontoauszug. Trotzdem hat dieses heimtückische System sehr schädliche Auswirkungen.

---

15 Einige Länder haben schon Regelungen zu diesem Thema eingeführt. Seit Anfang 2012 müssen unabhängige Finanzberater in England ihren Mandanten Honorare berechnen und dürfen nicht an mit Transaktionen verbundenen Provisionen verdienen.
Hilary Osborne, „Financial Advisers' Commission to Cease, Says FSA." *guardian.co.uk*, 26.03.2010.
Confédération Suisse, Office fédéral des assurances sociales, communiqué sur les rétrocessions, http://www.bsv.admin.ch/aufsichtbv/02024/02064/index.html?lang=fr, 08.04.2010.

16 Pierre Novello, „Le point sur les commissions d'émission et les rétrocessions," *Le Temps*, 03.02.2010.

Die Erfolgsprämie

In ihrer Begeisterung für Marketing haben einige Berater eine reizende Formel erfunden: die Erfolgsprämie. Sie erzählen dem Investor, dass sie weniger Gebühren verlangen würden, wenn seine Investition nicht eine bestimmte Rendite erreicht. Die Kehrseite ist aber, dass der Berater einen höheren Prozentsatz als sonst erhält, wenn die Investition gut läuft.

Was nach einer Win-Win- Situation aussieht, verleitet den Berater aber, sehr auf maximales Wachstum zu setzen – und genau das ist das Problem. Um die Gewinne dieses Arrangements einzufahren, muss er hohe Risiken mit Ihrem Geld eingehen. Er wird ermutigt, in spekulative Werte zu gehen. Wenn er Erfolg hat, sind alle glücklich. Wenn aber nicht, sind Sie der Einzige, der den Verlust zu tragen hat.

Resümee

Behalten Sie vier Typen von Investitionsgebühren im Gedächtnis:

- Gebühren, die bekannt, verständlich und sichtbar sind (Verwaltungsgebühren)
- Gebühren, die bekannt sind, aber in ihrem Ausmaß nicht erkannt werden (Transaktionsgebühren)
- Verdeckte Gebühren, die zu Interessenkonflikten führen (Kickbacks)
- Gebühren, die bekannt und sichtbar sind, deren Gefahren aber nicht erkannt werden (Erfolgsprämien)

In der Regel sind verdeckte oder indirekte Gebühren mindestens so hoch wie die Verwaltungsgebühr, von der der Kunde weiß, dass er sie zahlen muss. Manchmal sind sie aber auch doppelt bis fünfmal so hoch.

Dieses System hat zwei Folgen: Erstens arbeitet Ihr Berater nicht exklusiv in Ihrem Interesse. Zweitens nagen seine Gebühren an Ihrem Vermögen.

Sie mögen den Eindruck haben, dass Sie die Bank dafür bezahlen, Ihre Interessen zu wahren und Ihr Geld zu vermehren, aber im Licht all dieser Ausgaben würden Sie dann doch gerne wissen wollen, für wen Ihr Experte eigentlich arbeitet.

Gemessen an der Höhe dieser verdeckten und indirekten Gebühren hat die Finanzwirtschaft natürlich kein Interesse daran, passives Management zu propagieren – da es, wie wir sehen werden, keine dieser Gebühren beinhaltet.

Alle Investitionen basieren auf Prognosen

Jede Investitionsempfehlung – egal wie seriös, präzise oder logisch sie sein mag – beruht auf einer Prognose. Sie ist eine Wette auf die Zukunft - definitionsgemäß unsicher - und sie macht das Ziel illusorisch, besser als der Markt zu sein. Es wird sehr viel Energie darauf verwendet, Trends zu verfolgen oder unterbewertete Sektoren und Wertpapiere zu finden, um auf ihr Potential zu setzen und bessere Renditen zu erhalten. Marketingarbeit beginnt für den Banker damit, diese Prognosen als rational zu verkaufen, um ihre zufällige und unsichere Natur zu verschleiern.

> *Vorhersagen sind sehr schwierig, besonders, wenn sie sich auf die Zukunft beziehen.*
>
> ***Niels Bohr, Physik-Nobelpreisträger***

Die riesige Maschinerie der Finanzwirtschaft ist so kreativ und ausgefeilt, dass sie schon Millionen verschiedenster Finanzprodukte hervorgebracht hat. Diese anscheinend unendliche Vielfalt lässt sich jedoch auf drei Arten von Wetten reduzieren:

Stock Picking (Aktienauswahl):[17] Der Händler entscheidet sich, Shell- oder Total-Aktien zu kaufen, nachdem er die Besonderheiten dieser Unternehmen untersucht hat. Seine Wahl beruht auf dem wirklichen Wert der Aktien unter der Voraussetzung, dass die Unternehmen gesund sind (wie man aus ihren Geschäftsplänen, ihren Verkaufszahlen, ihrem Marktanteil usw. erkennen kann). Diese Stock Picking-Methode kann sowohl bei Indices als auch bei Wertpapieren angewandt werden, z. B. indem man zwischen Frankreich (CAC 40) und Deutschland (DAX) oder zwischen Japan und China wählt usw.

Market Timing[18] **(taktische Aktienanlage):** konzentriert sich auf die Dynamik eines Marktes zu einem gegebenen Zeitpunkt.

Beraterauswahl:[19] besteht daraus, auf einen bestimmten Experten, eine Bank oder einen Vermögensberater zu setzen. Die Beraterauswahl ist

---

17 Siehe Technische Hinweise, *Stock Picking.*

18 Siehe Technische Hinweise, *„Market timing."*

19 Siehe Technische Hinweise, „Beraterwahl."

eine Wette auf seine Effizienz und Hartnäckigkeit, eine Wette auf seine Fähigkeit, Ihr Geld zu vermehren.

Hüten Sie sich vor Finanzinnovationen. Warum? Weil die meisten dafür angelegt sind, den Innovator zu bereichern und nicht den Investor„

John C. Boogle, Gründer von Vanguard

Obwohl jedes auf dem Markt angebotene Produkt einzigartig aussieht, beruhen doch alle auf einem dieser drei Spekulationstypen. Die Wirtschaftsteile aller Tageszeitungen sind voll von tausenden von Fonds und anderen Finanzprodukten und sollen uns nach einer langen Liste von Vorteilen, die unser Banker ausgearbeitet hat, glauben machen, dass wir besser als der Markt sein können.[20]

Wenige Investoren wissen, dass die Einzelposten ihres Portfolios auf Prognosen beruhen – was sie zu reinen Spekulationsobjekten werden lässt.

Die Sache beginnt bei den Analysten, die auf der Suche nach möglichst vielversprechenden Produkten den Markt durchstöbern. Wenn sie meinen, dass eine bestimmte Aktie schneller als andere steigen könnte, geben sie eine Empfehlung an Vermögensverwalter und Aktienhändler heraus, die dann investieren. Diese Finanz-Champions haben enorme Ressourcen um festzustellen, ob alle Parameter rund um diese Investition auf überraschendes Wachstum hindeuten. Gäbe es einen Markt ohne Turbulenzen, würden ihre Prognosen auch eintreffen. Sobald der Wert der Aktie anzieht, läuft die Buschtrommel und die Käufer tauchen auf, um Gewinne abzuholen. Wenn sie dann zum genau richtigen Zeitpunkt verkaufen, erreichen unsere Experten ihr endgültiges Ziel. Sie erwirtschaften einen überdurchschnittlichen Gewinn oder, in anderen Worten, „sie sind besser als der Markt“.

Die Straße zum finanziellen Untergang beginnt mit einem Anruf bei Ihrem Börsenmakler, der behauptet ‚besser als der Markt‘ sein zu können

Daniel R. Solin, Autor und Finanzberater

---

20 „(…) no expert can help you increase your control over the future.” Anil Gaba, Robin Hogarth, and Spyros Makridakis. *Dance with Chance*. Oxford: Oneworld Publications, 2009: 11.

Es ist eine wirklich spektakuläre „Suche nach dem heiligen Gral“ und sie wird immer verworrener, wenn sich auch noch Mittelsmänner (wie Banker und Börsenmakler) zwischen Angebot und Nachfrage drängen.

Gehen wir wieder auf unseren Fischmarkt. Im Tagesverlauf steigt der durchschnittliche Preis für Kabeljau an allen Ständen auf 16 EUR/kg. Der Preis errechnet sich aus dem Durchschnitt aller Verkäufe, wobei einige Fischer für 10, für 12 oder 14 EUR/kg verkaufen und die mit mehr Glück für 18, 20 oder 22 EUR/kg. Der Preis hat also zwischen Marktöffnung und -schließung zwischen 10 und 22 EUR/kg geschwankt.

Sobald ein Zwischenhändler auftaucht, verschwindet sofort ein bestimmter Prozentsatz in Transaktionsgebühren.

Stellen wir uns jetzt vor, unser Zwischenhändler bringt jetzt noch einen anderen Händler ins Geschäft, der weder Fischer noch Verbraucher ist. Nachdem der Händler den Markt beobachtet hat, fängt er an, Fisch für 22 EUR/kg zu kaufen, um ihn dann, wie er hofft, für 30 EUR weiterzuverkaufen. Wenn er das schafft, macht er einen Gewinn von 8 EUR ohne irgendetwas produziert zu haben.

Unser Fischhändler analysiert den Markt und prognostiziert dem Fischer: „So wie es jetzt gerade ausschaut, kostet Fisch 22 EUR/kg. Aber bis heute Abend wird der Preis, wie die Studien eines hervorragenden Analysten zeigen, auf 30 EUR steigen. Wenn ich Sie wäre, würde ich anfangen, den Fang Ihres Nachbarn aufzukaufen.“

Der Händler überzeugt so den Fischer, der ja eigentlich seinen Fisch verkaufen wollte, Käufer zu werden. Aus einem Arbeiter wird ein Spekulant. Sein Risiko steigt gewaltig. Egal, ob der Fischer Gewinne macht oder Geld verliert – sein Zwischenhändler profitiert immer, weil er die Provisionen einstreicht.

Das ist eine „Gräte“, die schwer zu schlucken ist, selbst wenn die Verluste nicht ins Gewicht fallen. Wenn der Banker auf den falschen Fisch setzt, müssen Sie seine Provision zu Ihren Verlusten hinzuaddieren.

Warum sollten wir Leute bezahlen, die mit unserem Geld spielen?

William F. Sharpe, Wirtschaftsnobelpreisträger

Kopf oder Zahl? Die Münze wirbelt durch die Luft. In diesem Glücksspiel sind die Gewinnchancen 50 %. Aber Sie haben einen Mittelsmann bezahlt, der die Münze für Sie wirft, das Ergebnis vorhersagt und die Münze auffängt, bevor sie fällt.

Aktives Management ist ein Rausch von Kaufen und Verkaufen auf der Basis von Prognosen. Die Zahl der Transaktionen und damit Gebühren und Provisionen in die Höhe zu treiben, um besser als der Markt zu sein – das ist die traditionelle Methode der Banker (und der meisten Investoren) zum Aufbau einer Geldanlage.

> *Ein Volkswirt ist ein Experte, der morgen weiß, warum die Dinge, die er gestern vorhergesagt hat, heute nicht passiert sind.*
>
> ***Laurence J. Peter, Witschaftsnobelpreisträger***

Wenn Sie Fisch für 22 EUR/kg kaufen, um ihn für 30 EUR weiterzuverkaufen, in der Hoffnung, mehr Gewinn als jeder andere zu machen, können Sie gewinnen – aber auch verlieren.

Die Freude am Gewinn ist im Allgemeinen nicht so groß wie die Enttäuschung beim Verlieren. Die Hauptkonsequenz der traditionellen Formen von Geldanlage – aktives Management – ist, dass der Investor meistens enttäuscht wird.[21]

---

21 Yves Genier, „L'insatisfaction d'une perte est plus forte que le plaisir d'un gain." *Le Temps*, 29.09.2007.
Siehe technische Hinweise, „Wenige Berater sind besser als der Markt."

Teil II: In Seelenruhe investieren

Es gibt einfache Methoden, Ihr Geld in großer Ruhe anzulegen und Enttäuschungen zu vermeiden. Sie beruhen auf einigen Prinzipien. Die wichtigsten sind:

- Finanzplanung
- Ein passives Portfolio, das Ihnen ermöglicht, zu investieren, ohne auf Prognosen zu achten.

Die Millionäre von Google

Im Sommer 2004 bereitete sich Google auf den Börsengang vor. Dieses Ereignis sollte das Leben der High-Tech Angestellten dieses Unternehmens vollkommen verändern. Der erste Börsengang sollte Hunderte von ihnen über Nacht zu Millionären und Dutzende zu Multimillionären machen. Es sollte sogar einige frischgebackene Milliardäre geben.

Rund um die Welt schleckten sich die Privatbanker beim Gedanken an diese neuen Kunden schon die Lippen.

Google- Geschäftsführer Jonathan Rosenberg begann, sich Sorgen zu machen, dass diese angehenden Millionäre bald gierigen Finanzberatern zum Opfer fallen würden. Er organisierte deshalb eine Vortragsreihe über Investitionsmöglichkeiten, um ihnen den Schlüssel zur Finanzwelt in die Hand zu drücken und ihnen überlegte Entscheidungen zu ermöglichen.

Nachdem sie gehört hatten, was einige der berühmtesten Finanzprofessoren der Welt, nämlich William Sharpe, Burton Malkiel und John Bogle zu sagen hatten, waren die Computerfreaks von Google gewappnet, den Wall Street Wölfen zu begegnen.

Dann begann der „Schönheitswettbewerb". Banker aus allen Ecken der Welt flogen in ihren Privatjets ein, um ihre Produkte, begleitet von überschwänglichen Reden und schillernden Versprechungen, über den Laufsteg zu schicken. Über die Reaktion der Technikfreaks waren sie allerdings platt. Die Google Angestellten löcherten sie, wie sie denn sicher sein könnten, besser als der Markt zu sein und welche Gebühren, Provisionen und Rückvergütungen sie dafür erwarteten. Ihre zentrale Frage war: „Können Sie uns wenigsten die Durchschnittsrendite des Marktes garantieren?"

Verdutzt versuchten die Banker, diese Informationen hinter fabelhaften Versprechungen zu verstecken: „Was glauben Sie denn? Wir werden viel besser als der Markt sein! Wir haben Zugang zu privilegierten Informationen. Sie bekommen die besten Investitionsmöglichkeiten. Sie werden unser Kunde Nummer 1 …" usw.

Aber jedes Mal kam wieder die gleiche Frage, die ihre Argumente in aller Ruhe über den Haufen warf: „Also gut, können Sie uns wenigsten die Durchschnittsrendite des Marktes garantieren?"

Ohne Garantie – das wussten die Google Millionäre in spe genau – war das ganze Ding keinen Pfifferling wert. Stattdessen entschieden sie sich für passives Management, damit sie „fröhliche Millionäre" werden und bleiben konnten.[22]

22 Auch nach sechs Jahren sind die Google-Angestellten trotz des Drängens der Banker immer noch passive und friedliche Investoren

Aktives und passives Management

Das System des aktiven Managements lässt an den Hasen in der Fabel von Jean de la Fontaine denken, die in seiner Version der schon auf Aesop zurückgehenden Geschichte vom Rennen zwischen Hase und Schildkröte erzählt (Buch 6, Fabel 10).

Beide Tiere hatten gewettet, dass sie das Rennen gewinnen. Am Startblock kümmert sich der Hase nicht die Bohne um den Wettbewerb. Er weiß, dass er schneller ist und lässt die Schildkröte fröhlich alleine loslaufen. „Er ist zufrieden hier zu warten / und lässt die Kröt' alleine starten / auf feine senatorisch' Arten / Sie startet, rackert ganz bescheiden / in kluger Weisheit Hast vermeidend". So ist die Schildkröte weiter und weiter vorne weg, bis sie sich schließlich schon der Ziellinie nähert. Als der Hase das plötzlich merkt, sprintet er los, um sie einzuholen. Aber zu spät: Die Schildkröte hat schon gewonnen!

Die Schildkröte steht für den passiven Investor, der Hase für den aktiven Manager. Als berühmter Sprinter ist Herr Hase natürlich von seinem tollen Laufkönnen überzeugt. Er hätte die Schildkröte leicht schlagen können – wenn er nicht von anderen Dingen abgelenkt worden wäre, wie zum Beispiel, seinem Stolz freien Lauf zu lassen. Schließlich ist er der Experte: Er weiß, wie das Rennen läuft und schwelgt in der Illusion, dass er jede Kurve kennt.[23] Er vergeudet seine Zeit mit allem Möglichen, statt einfach vorwärts zu laufen wie die Schildkröte. Er überlegt andere Laufwege, die ihn vielleicht schneller ans Ziel bringen könnten, berechnet seine Geschwindigkeit im Verhältnis zum Wind, blättert in Katalogen zu den besten Laufschuhen usw.. Wie es der Teufel will, bremsen ihn alle Bemühungen, schneller zu werden, aus und schließlich verliert er auch noch den Vorteil, mit dem er am Start angegeben hat.

Beim aktiven Investieren ist der Spekulant oder der Banker ähnlich abgelenkt. Er verfügt über bestens ausgeklügelte Recherchemöglichkeiten – manche sind schon fast grotesk – um an die Produkte zu kommen, die besser als alle anderen sind. Aber all diese Analysen brauchen Zeit und Mühe – die Marketingkampagne, die auf den Weg gebracht wer-

23 D. Kahnemann, E. Higgens, and W. Riepe, „Aspects of Investor Psychology." Journal of Portfolio Management 24:4 (1998): 52 - 65.

den muss, um die Kunden zu überreden, den Prognosen zu folgen. Geschäftsreisen, schicke Broschüren, Essenseinladungen usw. wollen wir gar nicht erst erwähnen.

Banker arbeiten hart, um das Kapital ihrer Kunden wachsen zu lassen, sie verzetteln sich aber oft in Tätigkeiten, die sie von ihren Zielen wegführen. Als Finanzexperten leiden sie unter der irrigen Annahme, sie hätten den Markt im Griff.

Die flüchtigen Triumphe des Hasen und die Standhaftigkeit der Schildkröte

Natürlich haben manche aktiven Manager zeitweise Erfolg. Ihre Triumphe sind aber in keiner Weise systematisch, sondern eher das Ergebnis von Spekulationen. Die meisten dieser Experten sind so damit beschäftigt, die verschiedenen Rennen zu studieren, dass sie oft in der Irre landen. Derweilen kommt der passive Investor nie vom Weg ab. Wie die Schildkröte geht er seinen Weg – langsam aber sicher.

Hier kann man natürlich fragen: Warum soll die Schildkröte denn immer gewinnen? Mit anderen Worten, wie schafft es der passive Investor, immer eine bessere Rendite zu erhalten als der aktive? Mehrere Studien haben gezeigt, dass 30 % der aktiven Investoren im Jahresverlauf besser als der Markt sind.[24] Setzt man aber längere Zeiträume an, schwindet dieser Prozentsatz schnell.

> *Es stimmt gar nicht, dass man nicht besser als der Markt sein kann. Jedes Jahr schafft das etwa ein Drittel aller Fondsmanager. Aber natürlich jedes Jahr eine andere Gruppe.*
>
> ***Robert Stovall***

Sagen wir mal, wir haben 100 Leute in einem Spielcasino und verfolgen ihre Tagesresultate. Am ersten Tag gewinnen dreißig und siebzig gehen mit weniger Geld nach Hause, als sie her gekommen sind. Am nächsten Tag versuchen die gleichen hundert Spieler wieder ihr Glück. Abends haben wir wieder dreißig Gewinner und siebzig Verlierer – aber es sind nicht die gleichen Leute! So geht das jeden Tag. Immer wenn das Casino schließt, haben wir einen ähnlichen Anteil Verlierer und Gewinner, aber es sind nie die gleichen Leute. Jemand, den das Glück an einem Tag verlassen hat, kann am nächsten Tag gewinnen, aber er ist noch in den Miesen und es gibt keine Garantie, dass er am nächsten Tag den Jackpot gewinnt. Umgekehrt kann jemand eine ganze Woche lang eine Glückssträhne haben und plötzlich alles wieder verlieren und nie wieder aufholen.

---

24 Siehe technische Hinweise, „Wenige Berater sind besser als der Markt."

Auch die Schildkröte steht unter Druck. Sie kämpft mit Gegenwind (Marktrückgang, fallende Aktien) und kommt unter besseren Bedingungen wieder auf Trab (Marktaufschwung). Was aber auch passiert – sie kommt voran.[25]

Passives Management eliminiert alle spekulativen Entscheidungen, es schöpft nur die starke Performance der Märkte ab.[26]

---

25 Prof. L. Barras, O. Scaillet, and R. Wermers, Swiss Finance Institute, „False Discoveries in Mutual Fund Performance: Measuring Luck in Estimated Alphas," Research Paper Series N°08-18, 2008.
Andy Baker, *The Economist*, Special Report „Money for old hope." 01.03.2008.
Alfred Cowles III, „Can Stock Market Forecasters Forecast?" *Econometria* 1:3 (1933): 309–324.
„DALBAR Study Shows Market Timers Lose Their Money," press release, April 2004.
James L. Davis, „Mutual Fund Performance and Manager Style," *Financial Analyst Journal* 57:1 (2001):19–27.
Eugene F. Fama and Kenneth R. French, „Luck versus Skill in the Cross Section of Mutual Fund Returns," Journal of Finance (December 2009).
Michael Jensen, „The Performance of Mutual Funds in the Period 1945–1964," *Journal of Finance* 23:2 (1967): 389–416.
Pat Regnier, „Can You Outsmart the Market?" *Fortune Magazine,* 21.12.2009.
Jason Zweig. „Why Many Investors Keep Fooling Themselves," *Wall Street Journal,* 16.01.2010.

26 Obwohl man es sich kaum vorstellen kann: Diese Strategie gewinnt, sogar kurzfristig.

Risiko-Bewusstsein bringt Seelenfrieden

Der „passive Investor" ist natürlich nicht passiv. Er hat nur einfach verstanden, dass er den Markt weder vorhersagen noch kontrollieren kann.[27]

Um vom enormen Druck des Marktes nicht aufgerieben zu werden, beschließt der passive Investor, ihn einfach zu akzeptieren, was ihm einen klareren Blick auf seine Investitionen erlaubt. Er handelt diszipliniert nach festen Regeln, um das Gleichgewicht zwischen dem Angebot des Marktes und seiner Risikotoleranz zu finden.

Welches Tier glauben Sie, bleibt im Lauf dieses langen Rennens ruhiger: Schildkröte oder Hase? Der Hase – der aktive Investor – der am Adrenalin hängt und zwischen Freudentaumel und abgrundtiefer Enttäuschung hin und her geworfen wird? Oder die Schildkröte – der passive Investor –, die nie ihre Grenzen überschreitet und gemütlich in ihrem eigenen Tempo ihr Ziel verfolgt?

Natürlich sind, was Stress anbetrifft, nicht alle gleich veranlagt. Für einige Hasen ist dieses wahnsinnige Rennen eine unerschöpfliche Quelle von Spaß. Sie sind die ungestümen Abenteurer mit ihrem berauschenden Hang zum Risiko. Glücksspiel ist ihr Lebenssaft und der Aktienmarkt ihr Casino.

Schildkröte sein ist natürlich nicht so sexy – Motto: „Eile mit Weile". Obwohl diese Methode viel effektiver ist, sieht sie im Vergleich blass aus.

Wenn Sie der Adrenalinschub antörnt und Sie (in Bezug auf Stress) Ihre Distanz zum stürmischen Handeln im aktiven Management halten können – und wenn Sie vor allem die Risiken voll akzeptieren können – brauchen Sie Ihr Finanzgebaren nicht zu ändern.

Wenn aber ein Investor vom Typ Schildkröte mal die Laufschuhe des Hasen ausprobieren will, muss er riskieren, seinen Panzer zu verlieren.

---

27 Tim Hale, Smarter Investing: Simpler Decisions for Better Results, 2nd ed. Harlow, U.K.: Pearson Education Ltd, 2009:85.
Ellen Langer, „The Illusion of Control." Journal of Personality and Social Psychology 32:2 (1975): 311-328.

Es ist für Sie eminent wichtig, die Risiken des aktiven Spekulierens für Ihr Portfolio voll zu verstehen. Schließlich will ja auch kaum jemand seine Pension oder seine Altersrücklagen beim Roulette riskieren – oder?[28]

Nach dem, was Sie bisher gelesen haben, könnten Sie das Gefühl bekommen haben, dass Sie das Schildkrötenprofil vielleicht mehr anspricht als das Hasenprofil. Da wir nun wissen, wie der Hase vorgeht, wollen wir jetzt einmal sehen, wie man Schildkröte wird.

28 Siehe technische Hinweise, „Kern" - und „Satelliten" – Portfolios".

Ihr Copilot und Ihre Landkarte

Nach Ansicht des Hasen ist Investieren eine Wettkampfsportart, ein Rennen gegen die Uhr mit Rekordrenditen als Preis. Seine Gegner sind der Markt und die anderen Finanzjongleure.

Die Schildkröte will keine Medaillen gewinnen, weil sie weiß, dass sie dabei alles verlieren kann. Ihr wichtigstes Ziel ist vielmehr finanzielles Wohlbefinden.

Es gibt Marathonläufer, die laufen, um zu gewinnen, egal was es kostet – sogar wenn sie ihr Startkapital riskieren. Andere verfolgen eher vernünftige Ziele, die zu ihren Fähigkeiten und ihrem physischen Durchhaltevermögen passen und achten auf ihr Kapital.

Statt von wundervollen Gewinnen zu träumen und dabei die Gefahren außer Acht zu lassen, strebt die Schildkröte in aller Ruhe und Überlegung ihre Ziele an. Ihr Konzept ist eher ihr eigenes Wohlbefinden und nicht Herausforderung im Wettkampf.

Trotzdem muss auch jeder passive Investor für den Marathon trainieren. Dabei verlässt er sich natürlich auf einen guten Trainer.

Ihr Portfolio auf passivem Kurs zu steuern, ist in der Praxis recht schwierig, obwohl es theoretisch einfach zu sein scheint. Deshalb ist ein Coach von Bedeutung – ein Vermögensplaner.[29]

> *Was tun Sie, wenn Ihr Berater nur Renditen erwähnt und nie Risiken? … Es ist sein Job, Risiken zu berücksichtigen und Sie über die Bandbreite möglicher Resultate aufzuklären. Wenn er das nicht macht, suchen Sie sich einen neuen, der Klartext spricht.*
>
> ***William F. Sharpe, Wirtschaftsnobelpreisträger***

29 Es gibt die mehrere verschiedene Arten von Copiloten, um unterschiedliche Bedürfnisse und Budgets abzudecken. Siehe technische Hinweise: Beraterwahl. Richard Ferri, *The power of passive investing*, http://video.forbes.com/fvn/personalfinance/richardferri-power-of-passive-investing?partner=contextua

Ein Copilot für Ihr Portfolio

Der Partner, den Sie suchen, sollte nicht wie ein Banker auf Provisionsbasis arbeiten. Er muss ein „Copilot" sein, der Ihnen hilft, den besten Weg zur Ziellinie zu finden. Er legt den Flugplan fest, bestimmt die Meilensteine und erstellt die notwendigen Referenzpunkte, die Ihnen zeigen, wo sie gerade mit Ihren Investitionen liegen.[30]

Passives Management beginnt mit sorgfältiger Planung. Danach verfolgen Sie einen einzigen, klaren Kurs. Sie brauchen keine Bände von Erläuterungen und müssen auch nicht dafür bezahlen. Ihr Copilot passt lediglich auf, dass Sie bei Ihrem Plan bleiben.

Das Honorar des Copiloten

Wie sieht die Bezahlung Ihres Beraters oder Copiloten aus? Sein Beratungshonorar sollte fair sein: Ein ausgewogener Preis, der einerseits dem Berater erlaubt, seine Arbeit zu machen und der andererseits wirklich objektiven und transparenten Service sicherstellt.[31]

Passive Manager dürfen ausschließlich vom Investor bezahlt werden und in keiner Weise Provisionen oder Rückvergütungen erhalten. Auch Leistungsprämien sind nicht erlaubt.[32] Egal, ob er konservativ oder mit mehr Risiko anlegen möchte – der Berater erhält das gleiche Honorar.

Das bedeutet, dass Sie endlich genau wissen, wie Ihr Berater sein Geld verdient.[33] Sie können seine Motive erkennen und seine Arbeit verstehen. Frei von der Verpflichtung, Resultate für eine Bank oder sich selbst

---

30 D. Kahnemann, E. Higgens, and W. Riepe, „Aspects of Investor Psychology." *Journal of Portfolio Management* 24:4 (1998): 52–65.

31 Ob Sie einen Festbetrag oder prozentual bezahlen, hängt vom Beratertyp ab. (Siehe technische Hinweise: Tipps zur Wahl eines guten Copiloten). Die Hauptsache ist, dass seine gesamte Bezahlung durch Sie erfolgt und nicht aus Provisionen einer dritten Partei stammt.

32 Mark Grinblatt and Sheridan Titman, „The Impact of Performance-based Fees on Pension Fund Management." Finance Working Paper, Anderson Graduate School of Management, University of California at Los Angeles, rev. February 1987.
Ian Cowie, „Warren Buffett 'Fund' Illustrates Rip off Management Charges." *Daily Telegraph*, 29.09.2010.

33 Siehe technische Hinweise, „Die verschiedenen Gebührenniveaus."

zu erzielen, setzt er seine Kompetenz für das sorgfältige Management Ihres Portfolios ein. Vorbei die Spekulationen und die Ablenkungen, die die Ziele des Beraters nicht mit denen des Investors übereinstimmen ließen. Bereinigt um die Interessenkonflikte wird das Verhältnis zum „Finanz-Copiloten" legitim und fundiert. Mit seiner Beratung reduzieren Sie alle Gebühren radikal und erhalten die Marktperformance, die Ihnen auch zusteht.

Fallen bei der Wahl des Copiloten

Eine Schildkröte würde nicht gerade einen Hasen auswählen, wenn sie effektive Unterstützung sucht. Genauso kann passives Management nicht von einem traditionellen aktiven Berater betreut werden, besonders, wenn er für eine Bank arbeitet.

Zusätzlich muss man sich noch vor Hasen hüten, die in Schildkrötenverkleidung daherkommen. **Passives Management – das sich seit 40 Jahren im institutionellen Anlegerbereich bewährt hat – zieht bereits Nachahmer an.**[34] Immer mehr Vermögensberater spezialisieren sich auf passive Finanzprodukte und bieten diese auch an. Das wären eigentlich gute Nachrichten für den Investor – außer, dass die Methode, wie diese neuen Berater mit den Produkten umgehen, immer noch spekulativ ist.[35] Dies konterkariert nicht nur die Natur des passiven Managements, sondern auch den Kernpunkt, der seine Effektivität ausmacht, nämlich dass es alle Prognosen eliminiert.

Um festzustellen, ob ein Berater wirklich passives Management anbietet, fragen Sie ihn, wie er bezahlt wird. Diese direkte Frage vermittelt Ihnen gleich einen guten Eindruck von seiner Motivation. Als nächstes fragen Sie ihn, wie er meint, Ihre Ziele erreichen zu können. Damit stellen Sie fest, ob sein Vorgehen nicht doch noch irgendwelche Prognosen beinhaltet.[36]

---

34 Richard A. Ferri, *All about Index Funds*. New York: McGraw-Hill, 2002: 36–41.

35 Siehe Kapitel 5, „Hasen, die sich als Schildkröten verkleiden."

36 Siehe technische Hinweise, „Tipps zur Wahl eines guten Copiloten."

Ihre Zielsetzung und Ihr Finanzplan

Zusammen mit Ihrem Copiloten müssen Sie herausfinden, wo eigentlich Ihre Ziellinie liegt.[37] Warum starten Sie im Rennen? Was sind Ihre Träume? Was Ihre Befürchtungen? Welche Erwartungen haben Sie für jetzt und für die Zukunft? Ihr Copilot wird Ihnen helfen, das Ziel zu setzen, ähnlich wie ein Ernährungsberater Ihr Idealgewicht ermittelt, wenn Sie eine Schlankheitsdiät vorhaben. Der passive Manager wird feststellen, ob Ihre Mittel reichen, um an Ihr Ziel zu kommen, und wenn nicht, wird er Sie zu einem realistischeren Ziel begleiten.

Wenn die Schildkröte einmal Ihre Pläne formuliert hat (komfortables Leben sicherstellen, ausreichende Altersvorsorge, ein Haus kaufen, usw.) wird sie zunächst unterschiedliche Wege prüfen, um dann den zu finden, der am besten zu ihrem Ziel passt.[38] „Ich möchte diesen Meilenstein dann und dann erreichen." – Welchen Weg soll ich einschlagen? Wie weit soll ich jeden Tag marschieren?

Ihr Berater hat den Kompass, die Messinstrumente und alles notwendige Handwerkszeug. Miteinander können Sie den idealen Finanzplan und ein klares, gut verständliches Programm aufstellen. Sobald die Route festliegt, spüren Sie die psychologischen Auswirkungen. Das Programm verhindert sofort, dass Sie emotional auf Fluktuationen Ihrer Geldanlagen reagieren, da Sie jetzt eine Richtung haben, der Sie folgen müssen. Sie wissen jetzt, wo es hingeht, in welcher Geschwindigkeit und mit welchen Mitteln. Vor allem haben Sie jetzt die Sicherheit, dass Sie ans Ziel kommen, wenn Sie auf Kurs bleiben.

Die neue Rolle der Bank

Was wird aus dem Banker in dieser neuen Konfiguration? Obwohl Ihnen die meisten Produkte, die von Banken verkauft werden, kaum mehr nutzen, brauchen Sie doch noch bestimmte Serviceleistungen wie Überweisungen, Depots, Abrechnungen und Kreditkarten. Sie benutzen die Bank also in Zukunft als „Safe", der Ihre Geldanlagen sichert. Sie las-

37 Siehe technische Hinweise, „Ziele setzen und einen Finanzplan festlegen."

38 David Bogoslaw,„Retirement: Goal-based Investing Gains Traction." *Bloomberg Businessweek*, 18.08.2009.

sen den Banker nicht mehr bestimmen, wie er Ihr Geld anlegt – diese Entscheidungen bleiben ganz bei Ihnen und können nicht von einem Außenstehenden mit Eigeninteressen beeinflusst werden.

Das Rezept für das beste Portfolio

Illusion und Wirklichkeit

Finanzen haben eine gefährliche Seite: verführerische Träume von sensationellen Gewinnen. Lassen Sie sich nie von solchen Träumen fesseln!

Würden Sie nicht in Versuchung kommen, wenn Ihnen eine Schlankheitspille angeboten wird, mit der Sie ohne jede Diät 10 kg abnehmen können? Sie stellen sich vor, wie Sie am Strand liegen und sich fröhlich in Ihrem neuen Badeanzug sonnen! - Genau diese Köder für die Fantasie muss jeder Investor lernen, auszufiltern, weil sie ihm den Blick auf das Risiko verstellen. Sie vergessen die Nebenwirkungen und Gesundheitsgefahren und denken nur noch an das Wunder, das die verführerische Pille verspricht: Ein Rekordgewinn! Eine goldene Chance!

Solche Fantasien hindern uns nur daran, vernünftig und kritisch zu urteilen.

> *Ein Portfolio mit Indexfonds aufbauen … heißt einfach nicht an Wunder glauben*
>
> ***Bethany McLean, Herausgeberin des Magazins Fortune***

Im Gegensatz zum aktiven Management basiert die passive Denkrichtung auf Fakten. Ihre Methoden und ihre Effizienz beruhen auf wissenschaftlicher Beobachtung der Märkte. Sie ist ein Ansatz mit gesundem Menschenverstand und unwiderlegbaren Beweisen.[39]

Vor einem Rennen schaut man sich zunächst einmal die Umgebung, das Terrain und die anderen Läufer an, um Vor- und Nachteile sowie Stärken und Schwächen zu finden oder mögliche Probleme zu vermeiden. Auch unsere Schildkröte hat die Strecke studiert und achtet auf alle Verkehrsschilder – die konkreten Fakten, auf die sie ihre Investition stützt – und sie achtet auf alle Hindernisse – die Fehlschläge, die sie vermeiden muss. Sie findet so den besten Weg und die Investitionsmöglichkeiten, die am besten zu ihr passen. Wo sind die sicheren und

39 Siehe technische Hinweise, „Von der wissenschaftlichen Forschung zum passiven Management."

vertrauenswürdigen Informationen, die sie bei der Untersuchung der Märkte finden kann?

Die Wissenden wahrsagen nicht. Wahrsager wissen nicht

Lao Tzu, Chinesischer Philosoph

Inhalte eines traditionellen Portfolios

Bevor der Berater die richtige Zusammensetzung einer Vermögensanlage festlegt, erstellt er zunächst das Investitionsprofil des Kunden. Der Kunde entscheidet, ob er eher „konservativ" ist und sichere Investitionen bevorzugt, oder eher „aggressiv" und maximales Kapitalwachstum anstrebt. Um ihre Kunden zwischen diesen beiden Extremen einzustufen, haben Banken eine Unzahl von Profilen erfunden (defensiv, neutral, ausgewogen, moderat, dynamisch ...), die alle aus einem anteiligen Mix aus festverzinslichen Papieren (wie z. B. Anleihen, die relative Sicherheit bieten) und risikoreicheren Anlagen (Aktien, die relatives Wachstum ermöglichen) bestehen.

Alle Finanzprodukte können in diese beiden Kategorien eingeordnet werden.[40] Ein Portfolio mit einem „ausgewogenen" Profil besteht typischerweise aus 50 % Aktien und 50 % Anleihen, während ein „aggressives" Portfolio z.B. 90 % Aktien (in der Hoffnung auf maximales Wachstum) und 10 % Anleihen aufweist.

Ein aktiver Berater hält sich zwar an das festgelegte Verhältnis von Sicherheit und Wachstum, wählt dann aber sehr unterschiedliche Papiere aus verschiedensten Sektoren. Diese unendlichen Kombinationsmöglichkeiten führen zu einem ausgesprochen komplexen Portfolio- Aufbau.

Alle diese Produkte erlauben eine ganze Reihe von Wettmöglichkeiten. Um eine einfache Anleihe zu kaufen, muss der aktive Manager festlegen, wann (1. Wette), in welchem Land (2. Wette), in welchem Sektor

---

40 Im passive Management teilen sich alle Investments in zwei Hauptkategorien auf: Aktien und Anleihen.
Siehe technische Hinweise, „Aktien und Anleihen."
Siehe technische Hinweise, „Aufteilung des Portfolios auf unterschiedliche Finanzanlagen."

(3. Wette), von welchem Unternehmen auf diesem Sektor (4. Wette) und für welche Laufzeit (5. Wette), also langfristig (bis 30 Jahre) oder kurzfristig (6-12 Monate), er kaufen möchte.

Ein traditionelles Portfolio besteht aber nicht nur aus solchen Produkten – es sind auch wesentlich kompliziertere dabei. Wenn schon eine einfache Anleihe fünf Wahlmöglichkeiten aufweist, wie viele zusätzliche Wettmöglichkeiten bieten dann diese komplexen Produkte? Zehn? Zwanzig? Hundert? Nimmt man an, dass ein traditionelles Portfolio einige Dutzend Produkte enthält, multipliziert sich die Zahl der Wettmöglichkeiten noch weiter – nicht nur in der Auswahl der einzelnen Produkte sondern auch in der Kombination. Und das nur im Portfolio eines einzelnen Kunden ...

Passives Management macht Schluss mit dieser Komplexität.

Risiko und Rendite sind verbunden

Fallschirmsprünge vom festen Boden aus zu bewundern, ist vernünftiger, als sie in der Luft zu erleben. Aber ohne das Risiko des freien Falls erlebt man auch nie das einmalige Gefühl, durch die Wolken zu schweben.

Risiko kann größere Gewinne erlauben, als kein Risiko: Das zeigt uns das tägliche Leben und die Märkte liefern den Beweis dazu.

Ein konservatives Investmentprofil ist zwar vernünftiger, aber in Hinblick auf Gewinne deutlich weniger zufriedenstellend. Je weniger man riskiert, umso weniger kann man gewinnen – und umgekehrt: Erhöhung des Risikos kann zu besseren Renditen führen. Risiko und Rendite sind zwangsläufig verbunden.[41]

---

41 William F. Sharpe, „Capital Asset Prices: A Theory of Market Equilibrium under Conditions of Risk."*Journal of Finance* 19:3 (1964): 425–442.
Jeremy J. Siegel, Stocks for the Long Run. New York: McGraw-Hill, 1998.
Sidney Homer, A History of Interest Rates. New Brunswick, NJ: Rutgers University Press, 1963.
Eugene F. Fama and Kenneth R. French, „The Cross-Section of Expected Stock Returns." *Journal of Finance* 47 (1992): 427–465.
Eugene F. Fama and Kenneth R. French, „Value versus Growth: The International Evidence." *Journal of Finance* 53 (December 1998)

Vor dem Rennen schauen sich die Schildkröte und ihr Copilot das „Equipment“ des Hasen an. Enthält ein traditionelles Portfolio eine Komponente mit Risiko nahe Null?

Aktien, die ohnehin riskante Geldanlagen sind, fallen gleich weg. Aber auch festverzinsliche Anlagen können unsicher sein. Sogar die wenig riskanten Unternehmensanleihen hängen beispielsweise davon ab, wie gesund das Unternehmen ist. Die Finanzgeschichte hat schon das Scheitern der solidesten und prestigeträchtigsten Unternehmen erlebt.

> *Manche Investitionen haben höhere Renditen als andere. Aber welche sind das? Im Großen und Ganzen sind es diejenigen, die in schlechten Zeiten am schlechtesten laufen.*
>
> ***William F. Sharpe, Wirtschaftsnobelpreisträger***

Das Gleiche gilt für Banken – denken Sie nur an Lehman Brothers Inc. Auch Bankkonten sind Investitionen, auch wenn man normalerweise nicht daran denkt, denn wenn eine Bank scheitert, verliert man alles.[42]

Was könnten wir sonst machen? Ein Haus kaufen? Das wäre zwar eine sichere Investition, aber stellen Sie sich vor, Sie brauchen später mal Bargeld in Höhe von 25 % seines Wertes: Sie müssten dann das ganze Anwesen verkaufen, um an das Geld zu kommen. Sollten wir also doch lieber alles bar im Sparstrumpf unter die Matratze stecken? Oder Gold kaufen und in einen Safe sperren? Alle Lösungen haben ähnliche Risiken (Aufbewahrung, Schutz, Versicherung, etc.).

Staatsanleihen: Die risikoärmste Anlageform

Auf der Suche nach sicheren Investitionen ist die Schildkröte von Staatsanleihen fasziniert.[43]

Hier ein kleines Szenario:

Sagen wir mal, Sie haben 100 EUR zur Geldanlage.

Ombudsman des banques suisses, „Rendement élevé égal risque élevé.” http://www.bankingombudsman.ch, communiqué of 07.07.2009.

42 Siehe technische Hinweise, „Das Risiko von Bargeld”.

43 Siehe technische Hinweise, „Staatsanleihen – die sicherste Geldanlage”.

Wenn Sie es der Regierung für 1 % Zins leihen, haben Sie am Jahresende 101 EUR – egal was passiert. Dieser Schuldner kann nämlich einfach das Geld drucken, das er benötigt, um es Ihnen auszuzahlen.

Wenn Sie Coca Cola oder Sony 100 EUR leihen, versprechen die Ihnen mehr (2 % oder 102 EUR für den gleichen Zeitraum). Dieses Geschäft sieht zwar profitabler aus – doppelte Rendite – aber wenn die Firmen pleitegehen – ein Risiko, das Sie ja nicht im Griff haben – verlieren Sie alles, Zinsen und Kapital.

Was wäre also besser für Sie? Die garantierten 101 EUR in Staatsanleihen? Oder die riskanten 102 EUR in Unternehmensanleihen?

Manche sagen vielleicht, dass ein Unternehmen wie Coca Cola nie untergeht. Aber denken wir erst einmal nach: Haben wir je den Konkurs eines Marktriesen erlebt? Ja oder nein? Sollte es passieren, bewegen wir uns von Kapital 100 EUR zu Kapital 0 EUR. Nix mehr! Können Sie so ein Risiko schultern? Und lohnt es sich wirklich?

Auf der einen Seite verdienen Sie eine magere Rendite, die aber Ihr Kapital garantiert. Auf der anderen Seite haben Sie die doppelte Rendite, aber keine Garantie, nicht mal die, Ihr Anfangskapital je wieder zu bekommen. Wie das Sprichwort sagt – man kann nicht alles haben.

Deshalb sind Staatsanleihen in Ihrer Landeswährung[44] unangefochten die am wenigsten riskante Geldanlage auf dem Markt (das heißt aber nicht, dass Sie sicher sind, wie die Ereignisse in Griechenland, Irland, Spanien und Portugal gezeigt haben).

Hier noch ein weitere kurze Übung für Ihr Gespräch mit dem Finanzberater. Kurzfristige (ein Jahr) Staatsanleihen haben als die Geldanlage mit dem geringsten Risiko eine sehr niedrige Rendite (sagen wir 1 %). Was sollten Sie dann mit einer sogenannten „risikofreien“ Geldanlage machen, die 4 % bietet? Sie wissen, dass es immer ein Risiko gibt, aber wo? Ihre Frage müsste lauten: Wer garantiert diese 4 % und wie? Und wie kommt es, dass diese Anlage vier Mal so viel bringt wie eine Staatsanleihe?

44 Siehe technische Hinweise, “ Kurzfristige Staatsanleihen in der Währung Ihres Landes”.

Unternehmen schaffen Werte

Unsere Schildkröte hat endlich eine solide Geldanlage gefunden, die sicherstellt, dass sie ihr Anfangskapital nicht verliert, schließlich ist das alles, was sie hat – ihr Panzer. Weil Risiko und Rendite aber verknüpft sind, weiß sie auch, dass die kurzfristigen Staatsanleihen ihr nur eine magere Rendite liefern werden.[45]

Wenn sie nur in Staatsanleihen investiert, ist die Schildkröte absolut abgesichert. Sie kann die Ziellinie erreichen, das Haus auf ihrem Rücken ist noch intakt – aber sie kommt nur sehr langsam an. Was kann sie tun, um schneller zu werden, bzw. die Rendite ihres Portfolios zu erhöhen? Sie setzt sich wieder mit ihrem Berater zusammen und sucht auf der Karte nach möglichen Routen.

Die Produkte, die der Banker vorgeschlagen hat? Sicher nicht! Ich möchte eine Geldanlage, die ich auch verstehe und deren Risiken ich bewerten kann. Was Immobilien[46] angeht, dauert es immer, bis man eine gefunden und gekauft hat, nicht zu reden von Verwaltung, Unterhalt und was noch so alles an Problemen hochkommt. Das Gleiche gilt für alle anderen Geschäfte, z. B. Restaurants oder Läden, die leicht pleitegehen können. Im Casino spielen? Lotterielose kaufen? Auch das sind keine „guten" Risiken. Die Gewinnchancen sind gering und die Risiken zu verlieren riesig.

> *Investoren … können keine Aktien finden, die besser als der Durchschnitt sind. Aktien sind prima, wenn man sie länger hält. Man kann nur zwei Dinge falsch machen: Man kann die falschen kaufen und sie zum falschen Zeitpunkt kaufen oder verkaufen*
>
> ***Warren Buffet, Präsident von Berkshire Hathaway***

In dieser Zwickmühle ist kritisches Denken angesagt, wie es unsere Schildkröte macht. Wenn sich auf der Suche nach Optionen eine Chan-

45 Siehe technische Hinweise, „Staatsanleihen und Inflation".

46 Immobilien sind eine ausgezeichnete Geldanlage, so lange Ihnen das Haus oder Gebäude direkt gehört. Kaufen Sie nie Immobilien über Investmentfonds oder ein Finanzvehikel, da dadurch nur Volatilität und Gebühren höher werden. Direkter Immobilienbesitz schützt sie gegen die lokale Inflation und erlaubt Ihnen im Allgemeinen gute Renditen.

ce auftut, greifen Sie ohne Zögern zu. So lange Sie die Art der Geldanlage zu 100 % verstehen, Ihre Grenzen kennen und Ihre Risiken klar und deutlich herausgearbeitet haben, brauchen Sie nicht zu warten: zugreifen! Kein Banker, keine Finanzstrategie, kein Fachbuch (nicht einmal dieses hier) darf Ihre Entscheidung beeinflussen. Gesunder Menschenverstand ist hier genau so viel wert, wie der Rat der besten Experten.

Die Schildkröte aber forscht weiter in der Hoffnung auf „die" Geldanlage, die sie zusammen mit den Staatsanleihen vorwärtsbringt. Sie interviewt alle bisherigen Gewinner, um herauszufinden, wie sie zu ihren Gewinnen gekommen sind. Genauso sollten auch Sie sich umsehen: Wer ist zu Geld gekommen und wie? Wahrscheinlich reichen dabei die Finger einer Hand, um die Hasen zu zählen – die Spekulanten oder Lottokönige, die plötzlich reich geworden sind. Spekulationen und Lottoscheine sind also nicht der Weg, den Sie gehen wollen. Suchen Sie weiter. Nachdem Sie nun alle kennen, denen es finanziell gut geht, finden Sie heraus, was ihnen gemeinsam ist. Könnte es sein, dass sie alle irgendwann einmal vom Wachstum ihrer Unternehmen profitiert haben? Manche Unternehmen wachsen richtig gut und werden ein Nestlé oder Microsoft, andere gehen aus irgendwelchen Gründen wieder unter. Insgesamt aber wächst das Gefüge der Wirtschaft.

So sind trotz Pleiten und Krisen Unternehmen eine Geldanlagekategorie, die im Durchschnitt Wert schafft.[47] Und dieser mögliche Gewinn ist nicht an ein Unternehmen oder einen Wirtschaftszweig gebunden, sondern an das Unternehmen als Wirtschaftseinheit im Gesamtsystem.

Ein Unternehmen beginnt mit einer Geschäftsidee, die durch Arbeit konkretisiert und die wiederum durch die Bereitstellung von Kapital finanziert wird. Keines dieser drei Elemente stellt einen eigenen Wert dar: Wenn es keine vernünftige Geschäftsidee als Ausgangspunkt gibt, braucht man auch kein Kapital, um Arbeitskräfte zu bezahlen. Genauso gibt es ohne Kapital keine Arbeitskräfte zur Umsetzung einer vernünftigen Idee.

Wenn aber jedes der drei Elemente die anderen beiden sinnvoll einsetzt, lohnt sich das Risiko. Die Verschmelzung der drei Faktoren schafft

---

47 Siehe technische Hinweise, „Wert schaffen: Aktien".

Werte und generiert neues Kapital. Davon profitieren wieder alle drei – die Idee, die Arbeitskraft und das Kapital verdienen alle Geld – und genauso das Gesamtsystem, weil sie ihm helfen, in Richtung größeren Wachstums voranzukommen.[48]

Unschlagbare Rendite

Ein Investor, der seine 100.000 EUR im Jahr 1940 in Standard und Poors 500 angelegt hat, hätte heute 131.000.000 EUR - ja wirklich: 131 Millionen.[49] Und das ohne jedes Market Timing[50] oder Stock Picking[51] und ohne Angst vor den Ausfällen und Krisen, die sich in all diesen Jahren ereigneten. Der Wertschöpfungsprozess, der in den Unternehmen stattfindet, funktioniert einfach. Er ist viel leistungsfähiger als alle Fondsmanager zusammen.[52]

Maximale Diversifikation

Die Investition in ein Unternehmen ist ein Risiko, das eine faire Gegenleistung verdient. Aber man muss in die richtigen Aktien investieren, um sie zu bekommen – schon wieder die alte Leier mit der Spekulation! Weil unsere Schildkröte nicht in der Kristallkugel lesen kann, hat sie scharf nachgedacht, wie dieses Problem zu umgehen wäre. Einzelne Unternehmen mögen schrumpfen oder wachsen, aber alles in allem kommen die Unternehmen doch voran. Warum also nicht in alle Unternehmen auf diesem Planeten investieren, um Spekulation zu vermeiden? Das wäre die logische Lösung.

---

48 Adam Smith, An Inquiry into the Nature and Causes of the Wealth of Nations, 1776.

49 According to S&P Index Services Group.

50 Siehe technische Hinweise, *„Market Timing"*.

51 Siehe technische Hinweise, *„Stock Picking"*.

52 Das gleiche Phänomen gibt es in allen nationalen Märkten, z. B.:
Wenn seine Schweizer Tante 1940 100.000 CHF in alle Schweizer Aktien auf dem Markt platziert hätte, hätte sie heute 35.000.000 CHF (Pictet & Cie. The Performance of Shares and Bonds in Switzerland, update, January 2010).
Wenn sein britischer Cousin 100.000 £ sechzehn Jahre später in den FTSE investiert hätte (im Jahr 1956, als der FTSE gegründet wurde), hätte er heute 47.000.000 £ (nach FTSE UK).

Wenn man über passive Fonds oder Indexfonds in alle Unternehmen investiert, kann man sicher sein, dass man nicht alles verliert.[53] Einige Unternehmen starten durch, andere gehen unter. Passives Management kennt dieses Gesetz und sieht darin kein Problem. Stattdessen profitiert es davon, dass es keinen Sinn macht, irgendwo auszuwählen und dass Prognosen unnötig sind.[54]

Jeder weiß, dass man sein Risiko erheblich reduziert, wenn man „nicht alle Eier in einen Korb legt„.[55] Wenn man dieses Prinzip weitertreibt, indem man in alle Aktien investiert, ist das Portfolio vollständig diversifiziert und sichert sowohl Performance[56] als auch Sicherheit.

Gebühren knabbern an der Performance Ihres Portfolios

Beim aktiven Management verursachen die Verwaltungsgebühren eine beträchtliche Delle in der Leistungskurve des Portfolios. Das sagt schon der gesunde Menschenverstand: Je mehr Transaktionen laufen, je mehr Gebühren anfallen, umso weniger bleibt einem am Ende übrig. Auch wenn einem das alles bewusst ist, begreift man die Bedeutung erst, wenn man einmal nachrechnet.

So verrückt es auch klingt, auch scheinbar winzige Verwaltungsgebühren (wie viel sind 2,5 % pro Jahr auf eine Million Kapital?), haben auf lange Sicht eine dramatische Auswirkung auf Ihr Portfolio. Diese 2,5 % Gebühren entsprechen nach 20 Jahren in Summe bereits der Hälfte des Kapitals!

Das ist, als müssten Sie von dem Geld, das eigentlich Ihnen gehört, eine massive „Schenkung“ leisten. Es gibt eine Fülle von mathematischen

53 Natürlich könnten alle Aktien der Welt fallen, aber um wie viel?

54 Share prices are unpredictable: Paul A. Samuelson, „Proof That Properly Anticipated Prices Fluctuate Randomly.” *Industrial Management Review* 6:2 (1965): 41. Wie John Bogle in *Common Sense on Mutual Funds*. Hoboken, NJ: John Wiley & Sons, Inc., 2010: 299 schreibt: „Die Chancen, dass ein einzelner Investor den Heiligen Gral findet, der im Voraus die besten Performer erkennt, sind düster„.

55 Harry M. Markowitz, Portfolio Selection: Efficient Diversification of Investments. New York: John Wiley & Sons, Inc., 1959.

56 David Booth and Eugene F. Fama, „Diversification Returns and Asset Contributions.” *Financial Analysts Journal* (May/June 1992).

Beweisen und Graphiken, die den unglaublichen Effekt dieser prozentualen Gebühren auf die Rendite nachweisen. Lesen Sie unbedingt den Technischen Hinweis, der zeigt, wie Sie mit einer Million EUR Kapital 2 Millionen EUR verschenken.[57] Die Frage ist nur, wem möchten Sie dieses Geld schenken?

Kein Geld mehr hinauswerfen

Eines ist sicher: Finanzunternehmen werden immer mehr und kreativere Methoden finden, um immer und immer wieder ... mehr Gebühren zu verlangen und sie in endlosen Vorträgen zu verstecken. Es ist deshalb entscheidend, dass Sie alles Menschenmögliche tun, um diese Gebühren klein zu halten, die nach und nach Ihre Rendite auffressen. Die Wahl eines Beraters, der ausschließlich über Beratungshonorare und nicht über Provisionen bezahlt wird, garantiert hier, dass Sie weniger Gebühren zahlen und Ihre Rendite bewahren.

Das passive Portfolio

Ein passives Portfolio besteht ausschließlich aus hochwertigen Anleihen und Weltklasse-Aktien in dem Verhältnis, das Sie mit Ihrem Copiloten entsprechend Ihren Zielen und Ihrem Profil vereinbart haben.[58]

Bis heute ist dies **das effektivste Portfolio unter Berücksichtigung von Risiko und Rendite.** Es ist die einzige Art einer Geldanlage ohne Spekulation auf der Basis von Fakten. Statt gegen den Markt zu kämpfen, in der vergeblichen Hoffnung besser als der Markt zu sein, **lässt das passive Management den Markt für den Investor arbeiten.**[59]

---

57 Siehe technische Hinweise, „Der Zinseszins-Effekt bei Gebühren und Performance".

58 Siehe technische Hinweise, „Der Effekt der Geldanlage auf die Portfolio Performance„.

59 Das sind nur die Basisprinzipien des passiven Managements. Es gibt ca. 50 weitere Regeln, um ihre Rendite zu erhöhen, Risiken zu vermindern und vor allem Fallstricke zu vermeiden.

Prinzipien eines erfolgreichen Investors

- Machen Sie einen Finanzplan
- Beachten sie, dass Rendite dem Risiko entspricht
- Verstehen Sie Ihre Geldanlagen
- Profitieren Sie von der Wertschöpfung der Unternehmen
- Vermindern Sie Ihr Risiko durch Diversifizierung
- Minimieren Sie Ihre Gebühren
- Bleiben Sie auf Kurs

Reichtum und Wohlbefinden

Passives Management ist wie Kochkunst. Damit wir unser Gericht genießen können – in Ruhe die Ziele unserer Investitionen abwarten – haben wir ein Menü zusammengestellt (einen Investitionsplan) und die besten Zutaten ausgewählt (Aktien aus aller Welt, qualitativ hochwertige Anleihen). Aber wie bei jedem Rezept sind die Zutaten nicht allein entscheidend. Man muss auch wissen, wie man sie zubereitet, damit sie ihren vollen Geschmack entfalten (Sicherheit und Rendite).

Aber wie „kochen" wir mit erstklassigen Anleihen und diversifizierten Aktien in einem passiven Portfolio? Was sind die unmittelbaren Ergebnisse dieser passiven „Gastronomie"?

Unnötige Risiken vermeiden

Bei einer passiven Geldanlage werden unnötige Risiken vermieden – die Gefahren, die im traditionellen Portfolio lauern und ständige Wachsamkeit erfordern:

- Das Betrugsrisiko (z. B. von Bernie Madoff verladen zu werden)
- Bankrottrisiko beim Vermögensverwalter (aufgetreten bei den Kunden von Lehman Brothers)
- Beratungsrisiko (schlechte Entscheidungen des Beraters)
- Kursrisiko
- Zinsrisiko
- Liquiditätsprobleme und -risiken
- Risiko eines Unternehmensbankrotts[60]

Dank Ihres Aktionsplans – eines soliden, verlässlichen, verständlichen Plans – haben Sie es nun geschafft, die Führung Ihrer Geldanlage zu übernehmen. Nur einer Handvoll Investoren vor Ihnen (die etwa 1 % des globalen Privatvermögens repräsentieren) ist es gelungen, unnötige Risiken aus ihrem Portfolio zu verbannen. Keine leichte Aufgabe, denn sie mussten die Basislehrsätze der traditionellen Geldanlage in Frage stellen. Man brauchte Mut, um das aktive Management neu zu über-

60 Siehe technische Hinweise, „Unnötige Risiken".

denken, aber die Resultate sind greifbar. Sie bereinigen Ihr Portfolio um Spekulation, Verwaltungsgebühren und unnötige Risiken.

Unvermeidbare Risiken nutzen

Sehen wir uns jetzt die Risiken an, vor denen Sie nicht geschützt sind: Inflation und Volatilität im Markt. Aktives Management meint, diese Risiken bekämpfen zu können. Der passive Investor weiß das besser und nützt sie aus.[61]

Beim passiven Management weiß man im Voraus, wie hoch das maximale Risikoniveau liegt. Dieses Wissen erlaubt Ihnen, Entscheidungen zum Risiko zu treffen.

Sagen wir, Sie hätten eine Million Euro, die Sie im Namen einer Stiftung für Bildung investieren sollen. Um sicherzustellen, dass die Institution weiter floriert und die bestmögliche Bildung anbieten kann, wollen Sie das Kapital erhalten und genügend wachsen lassen, um die Inflation auszugleichen. Wie investieren Sie das Geld?

Im passiven Management würde man ein risikoarmes Profil wählen und 20 % Aktien aus aller Welt (also 200.000 EUR) und 80 % erstklassiger Anleihen (800.000 EUR) ins Portfolio aufnehmen.

Stellen wir uns jetzt ein „Worst-Case"-Szenario vor: Es gibt eine Weltwirtschaftskrise und die Aktien fallen um 50 %. Was passiert in Ihrem Portfolio? Die Anleihen steigen in aller Ruhe und die Aktien aus aller Welt verlieren die Hälfte ihres Wertes. Sie sinken im Portfolio von 200.000 EUR auf 100.000 EUR. Ihr maximaler Verlust beträgt 10 % der Gesamtinvestition – ein geringeres Übel verglichen mit den Verlusten des aktiven Managers!

Stellen wir uns vor, das Direktorium der Stiftung findet einen möglichen Verlust von 10 % nicht übermäßig groß und es hält ein höheres Risiko für akzeptabel. Sie würden dann den Anteil diversifizierter Aktien auf 30 % mit 70 % Anleihen oder 40 % mit 60 % Anleihen erhöhen usw.

Wenn einmal das Risiko eines Verlustes akzeptiert – oder vollkommen „verdaut" – ist, bringt Stress den Investor nicht mehr aus der Ruhe.

61 Siehe technische Hinweise, „Inflation und Volatilität".

Besonders wenn der Investor begriffen hat, dass die Märkte auf lange Sicht immer wachsen.[62]

Performance

Ein passives Portfolio sichert eine jährliche Rendite, die zu Ihrem Kapital hinzukommt.[63] Natürlich gibt es immer Hasen, die den Geschwindigkeitsrekord brechen wollen, aber die Schildkröte hat die Zeit auf ihrer Seite.[64] Tag für Tag, Jahr für Jahr bleiben sieben von zehn Hasen an der Seitenlinie liegen,[65] weil sie sich das eine oder andere mal einen Fuß brechen, vom Weg abkommen, den Startschuss überhören …

Je länger sie investieren, umso weiter fallen sie zurück.

---

62 Siehe technische Hinweise, „Wert schaffen: Aktien".

63 Siehe technische Hinweise, „Passives Management: 5 % mehr Performance ".

64 Prof. L. Barras, O. Scaillet, and R. Wermers, Swiss Finance Institute. „False Discoveries in Mutual Fund Performance: Measuring Luck in Estimated Alphas." *Research Paper Series* N°08-18, 2008.
Andy Baker, *The Economist*, Special Report, „Money for Old Hope." 01.03.2008.
Alfred Cowles, III, „Can Stock Market Forecasters Forecast?" *Econometria* 1:3 (1933): 309–324.
DALBAR, Study Shows Market Timers Lose Their Money, press release, April 2004.
James L. Davis, „Mutual Fund Performance and Manager Style." *Financial Analyst Journal* 57:1 (2001):19–27.
Eugene F. Fama and Kenneth R. French, „Luck versus Skill in the Cross Section of Mutual Fund Returns." *Journal of Finance*, December 2009.
Michael Jensen, „The Performance of Mutual Funds in the Period 1945–1964." *Journal of Finance* 23:2 (1967): 389–416.
Pat Regnier. „Can You Outsmart the Market?" *Fortune Magazine*, 21.12.2009.
Jason Zweig, „Why Many Investors Keep Fooling Themselves." *Wall Street Journal*, 16.01.2010.

65 Siehe technische Hinweise, „Wenige Berater sind besser als der Markt".

Die Leistungsillusion bei aktivem Management

Die Menschen begeistern sich so sehr für Gewinner, dass sie die Horden derer, die verloren haben, ganz vergessen. Eine Million Hasen sind im Rennen, aber wir sehen nur den einen Hasen im Fernsehen. Es ist wie im Lotto: Die Namen der Gewinner kann man in der Zeitung lesen, aber nicht die endlose Liste der Pechvögel. Für jeden neuen Millionär haben viele alles verloren, was sie eingesetzt haben.

Es ist ganz einfach, die Risiken zu ignorieren, die der Gewinner eingegangen ist. Wenn ein Manager mit „letztes Jahr 20 % gemacht!“ angibt, werden die Menschen ganz ekstatisch und fangen an, Phantasien auszuspinnen. Nie sagt jemand: „Ist ja toll, aber wenn Sie danebengelegen hätten, wie viel hätten Sie dann verloren?“

Und doch ist das die wichtigste Frage. Wenn er 10 % aufs Spiel gesetzt hätte, dann wäre das natürlich brillant gewesen. Man kann das Ergebnis aber nicht so toll finden, wenn er sein gesamtes Kapital riskiert hätte. Dank dieses Gedächtnisschwunds, dieser Illusionen vom „leichten“ Sieg, bringt uns das aktive Management dahin, zu glauben, dass wir besser als der Markt sein könnten und kassiert weiter unsere Träume ab.

Wenn Sie zu den 70 % gehören, die Geld verlieren, wie holen Sie den Verlust wieder auf? Gehen Sie mit mehr Geld wieder ins Casino? Aber halt, Sie haben jetzt weniger als am Anfang – was machen Sie jetzt? Das Risiko verdoppeln, um den ersten Verlust wieder wett zu machen? Vielleicht Geld leihen oder eine Hypothek aufnehmen? So werden Menschen von Geschichten über einzigartige Performance geblendet und zu gedankenlosen Risiken hingerissen.

> *Wenn sich 10.000 Leute Aktien anschauen, um Champions zu finden, ist einer von 10.000 erfolgreich, aber nur durch pures Glück*
>
> ***Merton Miller, Wirtschaftsnobelpreisträger***

Einige der Sprinter widersprechen natürlich: „Sicher ist es toll, dass Du langfristig vorankommst, kleine Schildkröte … aber auf die kurze Distanz lässt Deine Geschwindigkeit schon zu wünschen übrig.“

Welches schönere Ergebnis kann es aber geben, als die Sicherheit, dass man eines Tages vor all den anderen 70 % liegt, die noch im Rennen sind.

> *Wenn man genau misst, muss der aktiv gemanagte Euro schlechter abschneiden als der durchschnittliche passive gemanagte Euro – vor Kosten. Empirische Analysen, die dieses Ergebnis anfechten, machen sich ungeeigneter Messungen schuldig*
>
> ***William F. Sharpe, Wirtschaftsnobelpreisträger***

Sirenengesänge

Selbstdisziplin ist ein wesentlicher Aspekt des passiven Managements.[66] Um zu vermeiden, dass Sie wieder in den Teufelskreis der Spekulation zurückfallen, müssen Sie sich auf Ihre Erfahrung, Ihre Landkarte, Ihren Berater und auf Ihren besten Verbündeten verlassen: Ihr kritisches Urteil.

Drei hauptsächliche Fallen muss man vermeiden: Gefühlsentscheidungen, Hasen, die als Schildkröten daherkommen, und die verführerischen Versprechungen des aktiven Managements.

Emotionale Entscheidungen und Krisensituationen

Paradoxerweise ist der Mensch, vor dem sich ein Investor am meisten in Acht nehmen muss, er selbst. Man braucht schon eine gehörige Menge Willenskraft, um all die Gerüchte, die „heißen Tipps“ und die Versuchungen des *Stock Pickings* zu ignorieren.[67] „Airbus bringt ein neues Flugzeug auf den Markt – das wird eine Goldmine!“ oder „Griechenland steht vor dem Bankrott – alles verkaufen!“ und so weiter und so fort. In solchen Zeiten muss der passive Investor standfest bleiben und allen Lockrufen der Spekulation widerstehen.[68]

„Entspann‘ Dich liebe Schildkröte“ beruhigt Sie Ihr Copilot vor dem Rennen. „Du weißt ja, wie nervös der Hase ist. Dein Kompass ist nicht kaputt, er zeigt immer noch nach Norden auf Deine Ziele …. Kümmere Dich nicht um all die nach dem letzten Schrei herausgeputzten Hasen-Champions mit ihren trügerischen Schleichwegen. Natürlich redet jeder von ihren irren Leistungen im Training – aber am Ende rennen sie alle in die Sackgasse. Das weißt Du doch!“

Denken Sie nur an Dominique Strauss Kahn, den früheren Geschäftsführer des Weltwährungsfonds IWF, den das Time Magazine als die siebteinflussreichste Führungspersönlichkeit der Welt eingestuft hatte.

---

66 Larry E. Swedroe, *The Only Guide to a Winning Investment Strategy You'll Ever Need*. New York: Truman Talley Books/Dutton, 1998: 219.

67 Siehe technische Hinweise, „*Stock picking*”.

68 Siehe technische Hinweise, “ Emotionale Finanzen”.

Das größte Problem des Investors und sein schlimmster Feind – ist wahrscheinlich er selbst

Benjamin Graham, Legendärer Investor, Mentor von Warren Buffet

Die Meinungen und Prognosen des IWF sind nicht von finanziellen oder wirtschaftlichen Interessen beeinflusst, weil er eine gemeinnützige Organisation des öffentlichen Rechts ist. „DSK" (wie er genannt wurde) war deshalb ein Wortführer ersten Ranges in der Finanzwelt, der objektive Analysen erhielt, Zugang zu den Ressourcen der weltbesten Wirtschaftswissenschaftler hatte und vom besten Informationsnetzwerk profitierte, das es überhaupt gibt. Er konnte sich beispielsweise direkt mit Obama, der europäischen Zentralbank oder chinesischen Funktionären unterhalten.

Was prognostiziert der bestplatzierte Wirtschaftswissenschaftler der Welt im Sommer 2008? „Die Krise liegt hinter uns."[69] Aber anschließend stürzte der Markt in den nächsten sechs Monaten ab. Am Jahresende verkündete DSK „Das Schlimmste kommt noch" – und nach dieser Erklärung sahen wir die stärkste Erholungsphase, die der Markt je erlebt hat![70]

Wenn man nicht einmal den Empfehlungen von jemandem dieses Kalibers trauen kann, hat es keinen Sinn, die Zeit mit anderen Erfolgsformeln zu vertun. Auch die Prognosen eines hoch geachteten Managers – selbst die von den ganz großen Namen mit Millionen-Boni pro Jahr – bleiben schlicht und einfach Prognosen.

Angst beeinflusst menschliches Verhalten viel stärker als das imposante Gewicht historischer Beweise

Jeremy Siegel, Professor und Wirtschaftswissenschaftler

---

69 FMI, „Strauss-Kahn: la crise financière est 'derrière nous' " www.nouvelobs.com, 23.06.2008, http://tempsreel.nouvelobs.com/actualites/economie/finance_et_marches/20080515.OBS4027/strausskahn__la_crise_financiere_est_derriere_nous.html

70 AFP, „La crise va empirer selon DSK "Le Figaro, 12.12.2008, http://www.lefigaro.fr/flashactu/2008/12/12/01011-20081212FILWWW00230-la-crise-va-empirer-selon-dsk.php

Selbstkontrolle ist wesentlich herausfordernder, wenn die Märkte in Krisenzeiten abstürzen.[71] Im aktiven Management verfallen Manager und Investoren dann in Panik: Was sollen wir tun? Verkaufen? Kaufen? Um mit der Krise fertig zu werden, platzieren sie neue Wetten und ihr Stressniveau steigt proportional zu ihren Risiken.

Im passiven Management muss man dagegen nichts entscheiden und man braucht keine dringenden Terminvereinbarungen mit dem Berater. Ihre Meetings haben nichts mit dem laufenden Marktgeschehen zu tun. Sie haben verstanden, wie riskant emotionale Entscheidungen sind und ändern Ihr Vorgehen nicht ohne nachzudenken. Sie haben einen Risiko-Level als Basis für Ihren Aktionsplan gewählt – einen Risiko-Level, dessen Sie sich bei der Umsetzung Ihres Plans voll bewusst sind.

„Auf dem Aktienmarkt (und im Leben) beginnt man weise zu werden, wenn man sich eingesteht, dass man nichts weiß. Eines der vielen Dinge, die man bei Aktien nicht wissen kann, ist, wann genau sie steigen oder fallen. Langfristig steigen Aktien im Allgemeinen in einem erfreulichen Tempo. Die Geschichte zeigt, dass sie sich etwa alle sieben Jahre im Wert verdoppeln. Kurzfristig verhalten sie sich aber völlig wild. Über Tage, Wochen und Monate hat niemand eine Ahnung, wie sie sich verhalten werden. Trotzdem glauben fast alle Investoren, dass sie schlau genug sind, solche kurzfristigen Bewegungen vorauszuahnen. Diese Hybris bringt sie häufig in Bedrängnis“.[72]

Haben Sie also Vertrauen in den Kurs, den Sie gewählt haben – egal was passiert. Er ist ein vernünftiger Plan, der ausschließlich auf Fakten beruht. Wenn Sie die Kontrolle über Ihre Investments wieder in die Hand nehmen, sind Sie schon da erfolgreich, wo die Experten versagt haben. Es ist entscheidend, in dieser Gemütsverfassung zu bleiben und sich den Verlockungen der Sirenengesänge zu widersetzen.

---

71 Larry Swedroe, „Lesson from the Bear Market." CBS Moneywatch.com, 09.11.2009. http://moneywatchbnet.com/investing/blog/wise-investing/lessons-from-the-bear-market/974

72 James K. Glassman, „Attempts to Time the Market Always Leave the Investor Out of Sync." New York Times. 12.11.2001.

Hasen, die sich als Schildkröten verkleiden

Aber passen Sie auch auf andere „Melodien" auf: diese gefälschten Rezepte, die auch als passives Management daherkommen. Wie wir früher schon erwähnt haben,[73] verkleiden sich manche Hasen als Schildkröten. Das sind Berater, die sich als „passiv" bezeichnen, aber immer noch reflexhaft spekulativ reagieren. Sie benutzen die Mechanismen und Werkzeuge des passiven Managements und sind risikobewusster, aber ihre Investitionsentscheidungen sind immer noch von Prognosen beeinflusst. Verschiedene Techniken stehen für diesen Ansatz:

Auf halbem Weg zwischen aktivem und passivem Management steht das Indexmanagement, das darin besteht, statt Unternehmensaktien Indexfonds zu kaufen (S&P statt Nestlé). Dieses Rezept ist sicherer, weil es *Stock Picking* vermeidet[74] und weniger Wetten eingeht. Es beinhaltet aber immer noch Auswahl nach Länderprognosen – einen Haufen China, nicht zu viel Japan usw. Wie wenn man eine Rouletteversion ohne Setzen auf Gerade und Ungerade aber noch mit Rot und Schwarz spielen würde, damit aber die Hälfte des Risikos beibehält.[75]

Market Timing[76] (kaufen/verkaufen zu bestimmten Zeitpunkten) ist genauso gefährlich. Die Berater analysieren hier, wie gesund der Markt ist, um dann auf den besten Moment für den Ein- oder Ausstieg zu setzen – angeblich aus Gründen der Besonnenheit. Übertragen auf das Spielcasino wäre *Market Timing* so, als ob man nie an einem bestimmten Wochentag spielen dürfte, weil man an diesem Tag angeblich zu viel Geld verliert.

Trotz aller Vorsichtsmaßnahmen, mit denen man sich hier brüstet, versuchen diese Rezepte immer noch, besser als der Markt zu sein und bleiben doch in den gleichen Sackgassen hängen, wie das aktive Management. Weil diese Ansätze immer noch auf Prognosen fußen, enthalten sie auch noch unnötige Risiken.[77]

---

73 siehe „Fallen bei der Wahl des Copiloten", Teil II
74 Siehe technische Hinweise, *„Stock Picking."*
75 Siehe technische Hinweise, „Index Management und passives Management."
76 Siehe technische Hinweise, *„Market Timing."*
77 Siehe technische Hinweise, „Unnötige Risiken."

Um diese Fallstricke zu umgehen, müssen Sie Ihren Copiloten mit großer Sorgfalt wählen. Wenn Sie auch nur den leisesten Hinweis sehen, dass er etwas in die Zukunft projiziert, haben Sie es mit einem Hasen zu tun. Das heißt nicht unbedingt, dass er Sie austricksen möchte oder nicht an seine Prognosen glaubt. Aber welche Sicherheit haben Sie, dass er nicht falsch liegt? Überhaupt keine! Und wenn er falsch liegt, reihen Sie sich bei den 70 % ein, die verlieren.

Seien Sie wachsam! Sie müssen genau verstanden haben, wie ein passiver Berater arbeitet, bevor Sie ihm vertrauen können. Nur dann können Sie zulassen, dass er Sie berät, motiviert und ermutigt – während Sie selbst Ihre Investments weiterhin im Griff haben.

Die Verlockungen des aktiven Managements

Eine der wichtigsten Taktiken im aktiven Management ist Werbung. Ihr Einfluss liegt zum größten Teil in dem verführerischen Bild, das sie vorspiegelt. Marketing spielt eine unabdingbare Rolle. Es verursacht mit die höchsten Kosten einer Bank und wird durch die Hunderte von Milliarden finanziert, die jährlich aus den Gebühren eingenommen werden. Durch[78] Marketingmaßnahmen vermitteln Banken ihren spekulativen Empfehlungen einen scheinbar logischen Dreh und können damit noch mehr Finanzprodukte verkaufen und noch mehr Kunden überreden, ihnen ihr Geld anzuvertrauen.

Beim aktiven Investieren können sich Berater nicht auf Fakten verlassen, wenn sie ihre Mandanten überzeugen wollen. Um die zufällige, unsichere Natur ihrer Prognosen zu verschleiern, müssen Berater die emotionale Schiene fahren, was Stress verursacht und auf phantasmagorische Effekte setzen, die die Träume beflügeln. Beide Aspekte verleiten den Investor, seine Anlagen zu ändern. Da es nicht im Interesse der Berater liegt, statisch zu bleiben, motivieren sie, unermüdlich zu kaufen und zu verkaufen und stützen sich auf ihr einziges Argument: nämlich, dass solche Korrekturen die einzig effektive Methode sind, ein Portfolio

78 Kenneth R. French, „The Cost of Active Investing." *Journal of Finance* (April 2008), http://ssrn.com/abstract=1105775

zu verwalten. Sie verursachen „notwendige Unruhe", die sich in keiner Weise auf Sicherheit, Vernunft oder Forschung berufen kann.

Ignorieren Sie die Market Timer, die Wall Street Strategen, die technischen Analysten und die doofen Journalisten, die Marktprognosen machen. Gestehen Sie Ihrem Therapeuten, dass man nicht besser als der Markt sein kann

Jonathan Clements, Finanzreporter

Manche Finanziers kreieren Sensationen, um das Publikum zu beeindrucken, weil sie ihre Aktionen nicht mit einfacher Logik unterfüttern können. Beim Wichtigtun mit den Verdiensten seines Unternehmens ließ sich Lloyd Blankfein, Geschäftsführer bei Goldman Sachs, einer der prestigeträchtigsten Banken der Welt (und natürlich eine der profitabelsten für ihre Direktoren) dazu hinreißen, zu behaupten „Gottes Werk" zu tun.[79] Solche krassen Provokationen bleiben im kollektiven Unterbewusstsein hängen und wirken Wunder. So fördert das aktive Management ohne jeden Beweis den eigenen Mythos, diese goldene Aura, die Millionen Investoren „glauben" lässt. Auch wenn Sie für diese aggressive Rhetorik nicht anfällig sind, müssen Sie sich doch auch vor messbaren „Beweisen" hüten, die genauso in die Irre führen. Manche Hasen verweisen auch einfach auf die Namen der seltenen Gewinner des aktiven Managements, um damit Erfolg zu assoziieren und so ihre Profite und Methoden zu legitimieren. Sie nehmen unbestrittene aber einzigartige Talente wie Peter Lynch[80] oder Marc Faber[81] als Beispiel, deren Investitionstalent die Finanzgeschichte geprägt hat. Sie behaupten – ohne jeden Beweis –, dass aktives Management die einzige Lösung

---

79 John Arlidge, „I'm Doing God's Work: Meet Mister Goldman Sachs." *Sunday Times*, 08.11.2009.

80 Peter Lynch war von 1977 bis 1990 Direktor des Magellan Fund (Fidelity Investments). Er gilt als einer der talentiertesten Fondsmanager seiner Zeit und hat den Magellan Fund mit großem Erfolg über diese lange Zeit geführt. Der Fonds stieg von 20 Millionen USD 1977 auf 13 Milliarden USD in Jahr 1990, als er in Pension ging. Seit dem hat er einige Bestseller verfasst.

81 Marc Faber, Spitzname „Doctor Doom," ist ein Schweizer Investment Analyst und Unternehmer. Er gehört zu den Finanzgurus. Seine unkonventionellen Ansichten und alternativen Investmentgedanken werden oft in der Finanzpresse zitiert.

für Portfoliowachstum ist und schüren das Verlangen, besser als der Markt zu sein.

Eine stille Revolution

Passives Management ist eine „stille Revolution". Seit fast 40 Jahren[82] hat diese Philosophie die Finanzwelt diskret aber drastisch verändert. Wissenschaftlich durchgeführte Forschung hat die Fehler des aktiven Managements aufgedeckt (die Effektivität der Märkte,[83] die unterdurchschnittliche Leistung aktiver Berater etc.) und Lösungen dafür gefunden. Als sich diese Widersprüche auftaten, erkannten die scharfsinnigsten Führer institutioneller Anlagen, dass es in ihrem Interesse liegt, zum passiven Management überzugehen. Mit ihrem Schwenk wurden 15 % des Weltvermögens passiv gemanagt.[84] Heute neigen bereits die ersten privaten Portfolios zu diesen „subversiven" Prinzipien.

Manchmal könnte man meinen, die Börsen dieser Welt würden von den Hasen beherrscht – aber das ist nicht der Fall. PepsiCo, Boeing, AT&T, die Universität Yale, Kellogg's, die Stadt Seattle - die Liste von Institutionen mit passivem Management wird lang und länger. Im Gegensatz zu dem, was man uns glauben machen möchte, sind diese Manager keine Revolutionäre, die in die Schlacht gegen das Finanzsystem ziehen. Sie sind vielmehr weitsichtige Wirtschaftler, die beschlossen haben, sich die Verwaltung ihrer Gelder noch einmal neu anzusehen.

Auch die passive Management-Philosophie könnte sich mit prestigeträchtigen Namen und Erfolgen brüsten, sie braucht aber keine emotionalen Tricks oder sensationelle Torschüsse, um zu überzeugen. Die „stille Revolution" appelliert einfach an den guten Menschenverstand.

Ja, auch unsere Schildkröte könnte das Spiel mit den großen Namen im aktiven Management auf diesem Planeten spielen – und, so paradox es auch klingt, wieder wäre sie der Sieger.

---

82 Siehe technische Hinweise, „Geschichte das passiven Managements„.

83 Siehe technische Hinweise, „Die Hypothese des effizienten Markts".

84 Interview of John Bogle by Heather Bell. „Active vs. Passive." *Journal of Indexes*, March/April 2009, http://www.indexuniverse.com/publications/journalofindexes/joi-articles/5426-active-vs-passive.html

Einer der außergewöhnlichen Stars der Finanzwelt ist Warren Buffet und er zitiert seinen Mentor Benjamin Graham mit den Worten:

„Nur weil andere Leute gleicher Meinung sind, haben Sie weder Recht noch Unrecht. Sie haben Recht, weil Ihre Fakten richtig sind oder Sie richtig argumentieren – das ist das Einzige, was Sie Recht haben lässt. Und wenn Ihre Fakten und Ihre Argumentation richtig sind, brauchen Sie sich um niemanden anderen zu kümmern."[85]

Als hoch geachtete Persönlichkeit wird Buffet von den Fürsprechern des aktiven Managements – besonders von denen, die auch Kritiker des passiven Managements sind – immer wieder als Beispiel hochgehalten. Das „Orakel von Omaha", wie er auch genannt wird, ist zur fast magischen Referenz geworden und soll Investoren ermutigen, Wetten abzuschließen und ihre Investitionen in Richtung dieses oder jenes Produkts oder dieser oder jener Methode zu lenken. Tatsächlich ist dieser Finanzguru aber ein eindeutiger Botschafter für die Schildkröte. Buffet hat nicht nur eine Wette darauf abgeschlossen, dass kein Hedgefonds-Manager über einen 10-Jahres-Zeitraum hinweg besser als der Markt sein kann,[86] er hat auch seine Investoren dazu aufgefordert, zum passiven Investieren überzugehen, wenn sie nicht im wilden Hasenrennen unter die Räder kommen wollen.[87]

Mit anderen Worten: Da nicht jeder so herausragen kann wie Warren Buffet und effiziente Märkte diese Rennen sinnlos machen,[88] sollten Sie sich nicht von den Hasen kopfscheu machen lassen, die prestigeträchtige Namen in ihren spektakulär substanzlosen Reden herunterrasseln, wenn Sie in aller Ruhe investieren wollen. Gehen Sie den effektiveren und sichereren Weg des passiven Managements.

---

85 Interview with Warren Buffett by Julia Boorstin. „The Best Advice I Ever Got." *Fortune Magazine,* 21.03.2005.

86 http://www.longbets.org/362

87 Genau das rät er seinen Investoren bei den Jahrestreffen in Omaha. Siehe Berkshire Hathaway Jahresbericht 2005, 18 http://www.berkshirehathaway.com/2005ar/2005ar.pdf

88 Siehe technische Hinweise, „Die Hypothese des effizienten Markts".

Die Lösung ist einfach

Das dauernde Unbehagen der Investoren mit der Finanzwelt speist sich aus drei Quellen: dem nur ungefähren Verständnis der Marktmechanismen, der scheinbaren Erfahrenheit der Berater und den Fehlhandlungen der Finanzinstitutionen. So muss es aber nicht sein. Wie wir in diesem Buch gezeigt haben, kann der Nebel, der das Vermögensmanagement umgibt, durchaus gelüftet werden.

Wenn man selbst nach seinen Investitionen schaut, muss man zunächst lernen, die Situation zu verstehen – der erste Schritt, die Sache wieder in den Griff zu bekommen. Wie bei den Albträumen des Kindes muss man nur „das Licht einschalten" und nach den bekannten Referenzpunkten im Raum suchen, also nach den Parametern, die auf Ihr Kapital einwirken.

Während wir das schreiben, feiert das passive Management seinen 40. Geburtstag. Bisher hat es sich aber hauptsächlich auf institutionelle Anleger beschränkt. Diese Lage ändert sich aber gerade unter der Forderung der Behörden nach höherer Transparenz und der steigenden Nachfrage privater Investoren schnell.

Dieses Buch bietet keine Wunderrezepte. Unser Ziel war vielmehr, Investoren dazu zu veranlassen, einen Schritt vom traditionellen Management zurückzutreten und sich das Gesamtbild anzuschauen.

So kann sich jeder, ausgestattet mit Vernunft und kritischem Urteil, auf den Weg zu einem Investment mit Seelenfrieden machen. In Begleitung des Copiloten können wir einen Finanzplan erstellen, der unseren Bedürfnissen wirklich entspricht. Dieser Plan wird anschließend unter Ihrer Kontrolle in ein passives Portfolio ohne Spekulationsstress umgesetzt. Marktturbulenzen werden zum Vorteil für den Investor. Nach diesem wissenschaftlich fundierten Prozess nach den Regeln des gesunden Menschenverstandes werden Sie wieder vertrauensvoll und objektiv investieren können.

Da Sie *„Die Geschichte, die Ihnen Ihr Banker nie erzählen würde"* nun kennengelernt haben, ist der kritische Augenblick gekommen zu handeln. Sie können jetzt entweder Ihren Finanzberater anrufen und ihm sagen, dass Sie mit ihm arbeiten wollen oder den richtigen Copiloten suchen, der Sie bei Ihren Investments begleitet. Sie können auch eine zweite Meinung von einem unabhängigen, objektiven Experten einholen, um zu untersuchen, ob Sie in Bezug auf Ihre Ziele gut positioniert sind und um sicherzustellen, dass Sie alle Möglichkeiten geprüft haben, bevor Sie sich entscheiden.

Es ist nun an der Zeit: Holen Sie sich den *Seelenfrieden für Ihr Vermögen!*

Teil III: Technische Hinweise

Die verschiedenen Gebührenlevel

Die Gesamtkosten[89] eines aktiv gemanagten Investment Portfolios liegen zwischen 2 % und 5 %. Manche Berater sprechen aber auch von niedrigeren Kosten zwischen 0,5 % und 1,5 %. Die Differenz erklärt sich aus den verschiedenen Kostenarten, die in die Rendite des Portfolios eingreifen.

Verwaltungsgebühr: Das Honorar des Beraters oder Fondsmanagers für seine Arbeit liegt meist zwischen 0,5 % und 1,5 %[90] pro Jahr.

Depotgebühr: Gebühr, die die Bank für die Verwahrung von Wertpapieren und für die Kontoführung (Dividendenzahlungen, Aktienteilungen und -zusammenlegungen etc.) verlangt. Diese Gebühr beträgt normalerweise 0,1 %-0,6 % des gesamten Anlagevolumens pro Jahr.

Transaktionsgebühren: jedes Mal wenn ein gehandeltes Wertpapier gekauft oder verkauft wird, müssen die Kosten für die Durchführung bezahlt werden. Je nach Transaktion sind bis zu 5 % des Wertes fällig.

Kickbacks: Banken übertragen bestimmte Transaktionen oft an Händler, deren Gebühren sie dann dem Kunden weiterberechnen.

Forex Spread: Jede Operation, die einen Währungstausch enthält (z. B. Euros mit Dollar kaufen) beinhaltet Kosten. Der „Spread" – die Differenz zwischen Marktkosten und Tauschkosten - wird dem Kunden berechnet.

Erfolgsprämie: Manche Berater verlangen diese nur, wenn sie positive Resultate erzielen.

---

89 Siehe technische Hinweise, „Der Zinseszins-Effekt bei Gebühren und Performance".

90 Warren Giles, „Rich Pumped for Fees in Banking Conflict of Interest." *Business Week*, 24.03.2010.
Lipper Offshore Fund Charges Report. Quarterly Edition, January 2010.
Christian Nolterieke. „Cut the Costs of Wealth Management." 28.05.2009, http://www.myprivatebanking.com/report/wealth-guide-2
William F. Sharpe, „The Arithmetic of Active Management." *Financial Analysts Journal 47:1 (1991): 7-9.*

Wertpapierleihe: Wenn ein Finanzinstitut handelbare Wertpapiere für seine Kunden hält (Aktien, Anleihen etc.), ist es nicht unüblich, dass sich andere Akteure diese „ausleihen" möchten (wie wenn jemand sein Auto in einer Garage parken und der Garagenbesitzer es verleihen würde, weil sein Kunde es gerade nicht nutzt). Einige der verleihenden Institute geben die „Leihgebühr" komplett an ihre Kunden weiter, die meisten aber behalten den größten Teil.

Finanzproduktgebühren: Dachfonds von Hedgefonds verlangen beispielsweise zwischen 2 % und 5 % pro Jahr von den Investoren. Diese Produkte gehören zu den profitabelsten für die Finanzbranche.

Provisionen für ein strukturiertes Produkt: Wegen fehlender Transparenz kann man die Gesamtsumme der Provisionen und Gebühren bei strukturierten Produkten kaum erfassen. Diese Gebühren können leicht bis 4 % pro Jahr betragen.

Stock Picking: die Aktienauswahl

Bei dieser Managementmethode wählt man eine oder mehrere Aktien aus der Gesamtmenge der am Markt gehandelten aus. Theoretisch sollte Ihr Aktienkauf auf der Erwartung eines potentiellen Wertzuwachses und einer im Vergleich zum Marktdurchschnitt besseren Performance beruhen. Umgekehrt sollten Sie bei Verkäufen Verliereraktien loswerden können – Aktien, die schlechter als der Marktdurchschnitt laufen und ein starkes Baisse-Risiko beinhalten. Es gibt verschiedene Ansätze, die Entscheidung zu erleichtern, welche Aktien man kaufen oder verkaufen sollte.[91]

Die richtige Aktie zu finden, ist eine echte Herausforderung, wie das folgende Beispiel aus dem *Wall Street Journal* zeigt: Im Februar 2005[92] bat die Zeitschrift verschiedene Analysten, die für das laufende Jahr 10 besten und 10 schlechtesten Unternehmen aus dem S&P 500 – einem Referenzindex der 500 größten US-Unternehmen – auszuwählen.[93]

Hier das Ergebnis: Im Jahr 2005 stieg der S&P 500 um 9 %, die Aktien der von den Analysten ausgewählten 10 besten Unternehmen dagegen um 13 %. Das könnte fast beweisen, dass die Arbeit der Analysten Mehrwert hatte. Im selben Jahr aber stiegen die Aktien der von diesen Analysten bestimmten 10 schlechtesten Unternehmen um 19 %! Was sagt uns das? Trotz ihres Arbeitseinsatzes haben die Analysten keinen Mehrwert geschaffen. Fakt ist, dass sich die Bewegungen der Aktien nicht vorhersehen lassen[94] und es deshalb nicht möglich ist, Aktien „herauszupicken", die sicher steigen oder fallen werden.[95]

---

91 Siehe technische Hinweise, „Methoden der Finanzanalyse".

92 Gregory Zuckerman, „Love'em! Hate'em!" *Wall Street Journal, 07.02.2005*

93 Wir nutzen den S&P 500 als Referenz weil er der älteste und in der akademischen Forschung der USA gebräuchlichste ist.

94 „The price of a traded asset is unpredictable." Paul A Samuelson, „Proof that Properly Anticipated Prices Fluctuate Randomly." *Industrial Management Review* 6:2 (1965), 41.

95 Siehe technische Hinweise, „Die Hypothese des effizienten Markts".

Denken Sie auch daran, dass *Stock Picking* nicht gratis ist. Mit jedem Kauf- oder Verkaufsauftrag laufen Sie nicht nur das Risiko eines Irrtums, sondern zahlen auch die Transaktionsgebühren.[96]

96 Siehe technische Hinweise, „Die verschiedenen Gebührenniveaus".

Market Timing: taktische Aktienanlage

Market Timing ist eine Investitionsmethode, bei der Investoren ihre Markteinschätzung nach den Bewegungen im Markt ausrichten. Auf Basis der Analyse der bestehenden Verhältnisse suchen sie sich Wertpapierklassen aus, von denen sie glauben, dass sie zum gegebenen Zeitpunkt das größte Gewinnpotential haben. Verschiedene Analysemethoden legen fest, ob die wirtschaftliche Situation günstig ist oder nicht.[97] In Krisenzeiten ist es z. B. besser, Anleihen statt Aktien zu halten.

Die Wahl des richtigen Investitionszeitpunkts[98] ist aber genauso risikobehaftet wie die Wahl der richtigen Aktie.[99] Zusätzlich zum Risiko eines Irrtums müssen Sie auch Transaktionsgebühren[100] bezahlen.

Eine Studie des Marktforschungsunternehmens DALBAR[101] zeigt, dass Investoren, die ständig die Aktien gewechselt haben, ungefähr ein Drittel der Rendite dieser Aktien verloren haben. Die Studie zeigt weiter, dass der durchschnittliche amerikanische Anleger zwischen 1984 und 1997 eine jährliche Rendite von 6,7 % erwirtschaftet hat, während der S&P 500 ein Index der 500 größten US-Unternehmen um 17, 1 % gestiegen ist!

Nur Lügner schaffen es, immer in den schlechten Zeiten draußen und in den guten Zeiten drin zu sein

Bernard Baruch, Wirtschaftsberater bei W. Wilson & F. Roosevelt

97 Siehe technische Hinweise, „Methoden der Finanzanalyse".

98 Siehe technische Hinweise, „Die Hypothese des effizienten Markts".

99 Siehe technische Hinweise, „Stock-Picking".

100 Siehe technische Hinweise, „Die verschiedenen Gebührenniveaus".

101 Larry E Swedroe, *What Wall Street Doesn't Want You to Know*. New York: Truman Talley Books/Dutton, 2001: 145.

Beraterwahl: den Gewinnern der Vergangenheit folgen

Es gibt zwei Arten von Finanzmanagern:

Ein **Vermögensberater** kümmert sich um die Finanzanlagen anderer Menschen. Er oder sie ist entweder unabhängig oder arbeitet für eine Bank. Wie sich die verwalteten Geldanlagen entwickeln, wird nicht öffentlich bekannt.

Ein **Fondsmanager** verwaltet einen oder mehrere Investmentfonds. Die Performance dieser Fonds ist als öffentliche Information jedem zugänglich. Manche Fonds sind sogar auf dem Markt gelistet.

Den richtigen Manager zu finden bedeutet, denjenigen zu identifizieren, der die besten Resultate aller Fondsmanager dieser Erde produziert. Banker und andere Finanzexperten (auch Vermögensberater) verwenden sehr viel Energie darauf, die bisherige Performance eines Fonds zu analysieren und dessen Investmentstrategien festzulegen, um dann Fonds zu finden, die man kaufen oder verkaufen sollte.

Trotzdem zeigen alle Studien ausnahmslos, dass es unmöglich ist, im Voraus die Manager oder Fonds zu finden, die besser als der Marktdurchschnitt sind.[102] Warum? Weil alle versuchen mit *Stock Picking* oder *Market Timing* den Markt zu schlagen.[103]

Um das zu verdeutlichen, werfen wir einen Blick auf die Performance der 10 besten englischen Fonds über Zeiträume von fünf Jahren (Abbildung 1). Nur zwei Fonds waren in zwei Fünf-Jahres-Zeiträumen über dem Marktdurchschnitt. Bei Fonds aus den Märkten in den USA, in Europa oder Asien finden Sie ähnliche Verhältnisse.

Wer ist immer vorne?

102 Siehe technische Hinweise, „Die Hypothese des effizienten Markts".

103 Siehe technische Hinweise, „Stock-Picking" und „Market Timing".

Name des Fonds	Jan. 99 bis Dez. 03		Jan. 04 bis Dez. 08	
	Rang unter 149 Fonds	Performance im Vgl. zum Markt	Rang unter 239 Fonds	Performance im Vgl. zum Markt
RATHBONE SPECIAL SITS INC	1	BESSER	239	SCHLECHTER
GAM UK DIVERSIFIED INC FIDELITY	2	BESSER	112	SCHLECHTER
SPECIAL SITUATIONS CAVENDISH	3	BESSER	7	BESSER
OPPORTUNITIES RTL ARTEMiS UK	4	BESSER	236	SCHLECHTER
GROWTH MALBOROUGH UK EQUITY	5	BESSER	172	SCHLECHTER
GROWTH SOLUS UK SPECIAL	6	BESSER	229	SCHLECHTER
SITUATIONS INC SCHODER	7	BESSER	182	SCHLECHTER
RECOVEREY INC BLACKROCK UK	8	BESSER	61	SCHLECHTER
SPECIAL SITS A INC ARTEMIS Capital	9	BESSER	24	BESSER
	10	BESSER	161	SCHLECHTER

Quelle: Morningstar

Abb. 1: Erfolge können nicht wiederholt werden

Eine 2010 erschienene Studie[104] von S&P (SPIVA) zeigt darüber hinaus, dass Fonds mit bisher schlechter Performance in der Zukunft statistisch gesehen eher besser abschneiden als die, die bisher die Besten waren.

Wichtig ist noch, dass mit der Wahl eines Beraters nicht nur das Risiko verbunden ist, den falschen zu finden, sondern auch direkte Kosten. Nachdem Sie Recherche und Analysen finanziert haben, müssen Sie auch noch die Transaktionsgebühren[105] bezahlen.

104 Standard & Poor's „Does Past Performance Matter?" http://img.en25.com/Web/StandardandPoors/PersistenceScorecard_June10_Final.pdf, June 2010

105 Siehe technische Hinweise, „Die verschiedenen Gebührenniveaus".

Methoden der Finanzanalyse

Die Makro-ökonomische Analyse (auch Top-Down-Analyse) besteht darin, die allgemeinen Bewegungen auf einem Marktsegment oder in einem Land zu verfolgen. Um herauszufinden, welche Segmente oder Länder gut laufen und bei welchen sich eine Investition nicht lohnt, untersucht diese Analyseform das Wachstumspotential in diesen Bereichen. Die Schlüsse aus solchen Analysen klingen meistens so: „China hat ein phantastisches Wachstumspotential" oder „Der pharmazeutische Sektor ist rezessionsfest" oder „Gold ist eine sichere Anlageform".

Die Fundamentalanalyse (oder Bottom-Up-Analyse) besteht darin, ein Unternehmen, dessen Aktien gehandelt werden, genau zu verfolgen und sein Wachstumspotential bzw. seine Rezessionsresistenz zu beurteilen. Die Analysten stützen ihr Urteil auf Untersuchungen der Firmenleitung, des Verhaltens im Marktsegment (Wirtschaftliche Analyse), des Wettbewerbs (Wettbewerbsanalyse), der finanziellen Solidität (Bilanzanalyse) usw. Sie sammeln viele Daten und geben sie in Prognosemodelle ein, um damit das beste Investment zu finden. Ergebnis einer solchen Analyse ist z. B. die Empfehlung, Microsoft statt Apple zu kaufen.

Die Quantitative Analyse unterstützt Analysten mit finanzmathematischen Modellen auf Basis der Wahrscheinlichkeitsrechnung bei der Wahl des besten Investments. Dieser Ansatz geht davon aus, dass sich das bisherige Marktverhalten in der Zukunft wiederholen wird. Einige Fonds werden ausschließlich mit quantitativen Rechenmodellen verwaltet. Quantitative Analysten – Spitzname „Quants" – haben sowohl eine mathematische als auch eine Ausbildung im Finanzwesen.

Die Technische Analyse untersucht Aktienindices und beurteilt Marktsegmente, um Marktentwicklungen zu prognostizieren. Wenn z. B. eine bestimmte Aktie mehr als ihre Vergleichswerte gelitten hat, haben Investoren das Vertrauen in sie verloren – sie sollten also die Finger davon lassen. Oder: ein bestimmtes Unternehmen fängt wieder an zu steigen und die Investoren interessieren sich dafür – Zeit zu kaufen.

Die „Star Manager" Analyse: Verfechter dieser Technik versuchen, die Investitionsmethoden von Beratern oder Fondsmanagern zu kopieren, die bisher sehr erfolgreich waren.

Allerweltsweisheiten beeinflussen das Investorenverhalten bis zu einem gewissen Grad. Hier ein typisches amerikanisches Sprichwort: „Sell in May and go away" – verkaufe Deine Aktien im Frühjahr und mache Ferien!

Welche Analyse man auch immer benutzt, es gibt zwei Arten von „Produzenten" dieser Analysen:

Verkäuferanalysen werden von Börsenhändlern produziert. Diese Analysten spezialisieren sich auf wenige Unternehmen oder Sektoren. Ihr Einkommen hängt von der Zahl der Transaktionen ihrer Kunden mit den von ihnen empfohlenen Aktien ab. Ihr Interesse ist deshalb natürlich, möglichst viel Käufe und Verkäufe zu erzielen.

Käuferanalyse wird von Beratern produziert, die mit Investitionen betraut sind. Da sie sich oft auf mehrere Verkäuferanalysen verlassen, decken sie eine viel größere Zahl von Unternehmen und Marktsektoren ab. Damit haben sie dann auch eine bessere Übersicht über den Markt.

Wenige Berater oder Fondsmanager sind besser als der Markt

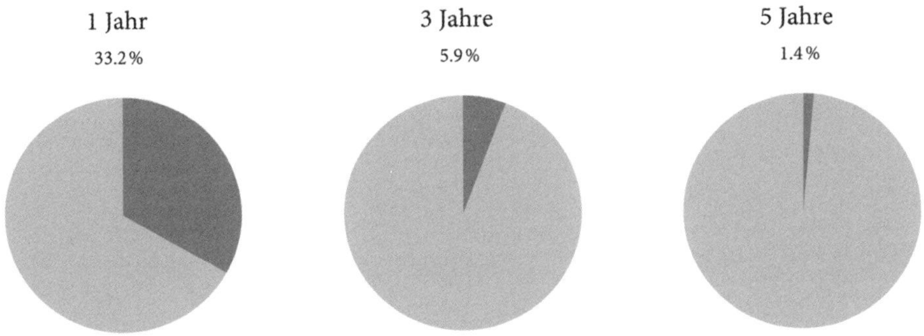

Abb. 2: Zahl der Manager, die in Zeiträumen von einem, drei und fünf Jahren besser als der Marktdurchschnitt lagen. Quelle: University of Chicago, 2004 bis 2008, mit 2.619 Fonds

Wie sind die Erfolgsaussichten bei der Wahl eines Beraters? Alle Studien[106] zeigen, dass auf kurze Sicht 66 % der Berater/Fondsmanager unter

106 Examples of studies: Prof. L. Barras, O. Scaillet, and R. Wermers, Swiss Finance Institute. „False Discoveries in Mutual Fund Performance: Measuring Luck in Estimated Alphas," in *Research Paper Series* N°08-18, 2008.
Andy Baker, *The Economist*, Special Report, „Money for Old Hope." 01.03.2008.
Alfred Cowles, III, „Can Stock Market Forecasters Forecast?" *Econometria* 1:3 (1933): 309–324.
DALBAR, Study Shows Market Timers Lose Their Money, press release, April 2004.
James L. Davis, „Mutual Fund Performance and Manager Style." *Financial Analyst Journal* 57:1 (2001): 19–27.
Eugene F. Fama and Kenneth R. French, „Luck versus Skill in the Cross Section of Mutual Fund Returns." *Journal of Finance* (December 2009)
Michael Jensen. „The Performance of Mutual Funds in the Period 1945–1964." *Journal of Finance* 23:2 (1967): 389–416.

dem Marktdurchschnitt liegen. Über längere Zeiträume fällt der Anteil vom Beratern, die besser als der Markt sind, noch weiter ab. Ganz selten gewinnen die Gewinner eines Jahres auch in den Folgejahren (Abbildung 2).

Wie Abbildung 3 zeigt, können Fondsmanager im Schnitt nicht besser als der Marktdurchschnitt sein. Die Darstellung beschreibt das Verhalten von US-Fonds über 15 Jahre.

Pat Regnier, „Can You Outsmart the Market?" *Fortune Magazine*, 21.12.2009.
Jason Zweig, „Why Many Investors Keep Fooling Themselves." *Wall Street Journal*, 16.01.2010.
Standard & Poor's. „Standard & Poor's Indices Versus Active Funds Scorecard, Year End 2008." 20.04.2009, http://www.standardandpoors.com/indices/spiva/en/us

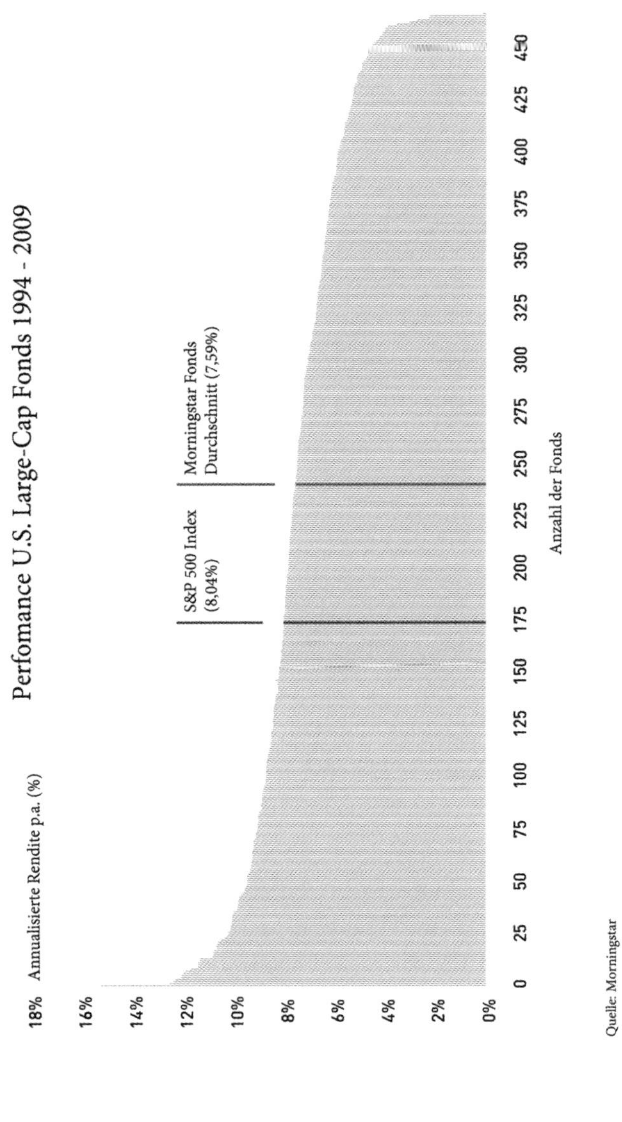

Abb. 3: Performance von US-Standard-Aktien 1994-2009

Jede graue Linie stellt die Performance eines US-Fonds für die Zeit von 1994 bis 2009 dar, der versucht, den S&P Index zu schlagen – den Index der 500 größten US-Unternehmen. Die dicke senkrechte Linie links repräsentiert die Marktperformance (S&P 500). Die dicke senkrechte Linie rechts bildet den Durchschnitt aller Fonds ab (Morningstar Fund Average).

Die Abbildung zeigt, dass

- Der Morningstar Fund Average in der Mitte liegt, weil er den Durchschnitt der Fondsleistungen repräsentiert
- Der Morningstar Fund Average immer unter dem S&P 500-Index liegt
- 64,% der Fondsmanager schlechter als der Markt waren (64 % der grauen Linien liegen rechts von der S&P 500-Linie)

Warum ist es den meisten Fondsmanager nicht gelungen, besser als der Marktdurchschnitt zu sein?

Die kurze Antwort lautet, dass Investoren insgesamt nicht mehr verdienen können, als der Markt hergibt.

Denken Sie zum besseren Verständnis an eine Schulklasse, in der der Durchschnitt der Punktzahl bei einem Test bei 7 von 10 Punkten liegt. Wenn ein Schüler 10 Punkte bekommt, kann einer seiner Mitschüler offensichtlich nur 4 Punkte ergattert haben. Weil (10+4)/2=7 ist, nämlich der Klassendurchschnitt. Egal was passiert, wenn der Durchschnitt bei 7 liegt, können nie alle Schüler 10 Punkte bekommen.

Per Definition stellt der Markt den Investorendurchschnitt dar (vgl. Klassendurchschnitt). Wenn ein Anleger eine Aktie verkauft, kauft sie ein anderer. Wenn also der Markt um 10 % steigt und ein Anleger 11 % Rendite macht, muss ein anderer weniger als 10 % Rendite bekommen. Investieren ist ein Null-Summen-Spiel: Immer wenn ein Investor gewinnt, muss ein anderer verlieren. Wenn manche das Glück hatten, Aktien zu halten, die im Schnitt insgesamt besser als der Markt waren, müssen andere Aktien gehabt haben, die nicht so gut liefen.

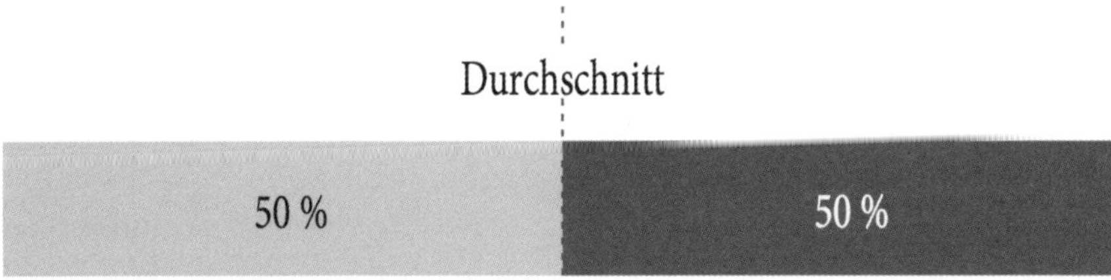

Abb. 4: Der Durchschnitt der Anleger

Wenn wir alle Gebühren zusammenrechnen und annehmen, dass sie beispielsweise 2 % betragen, dann verdienen Investoren, die es mit 11 % Rendite vor Kosten über den Marktdurchschnitt schaffen, eigentlich nur 9 % (11 % - 2 % = 9 %) – eine Rendite unterhalb des Durchschnitts.

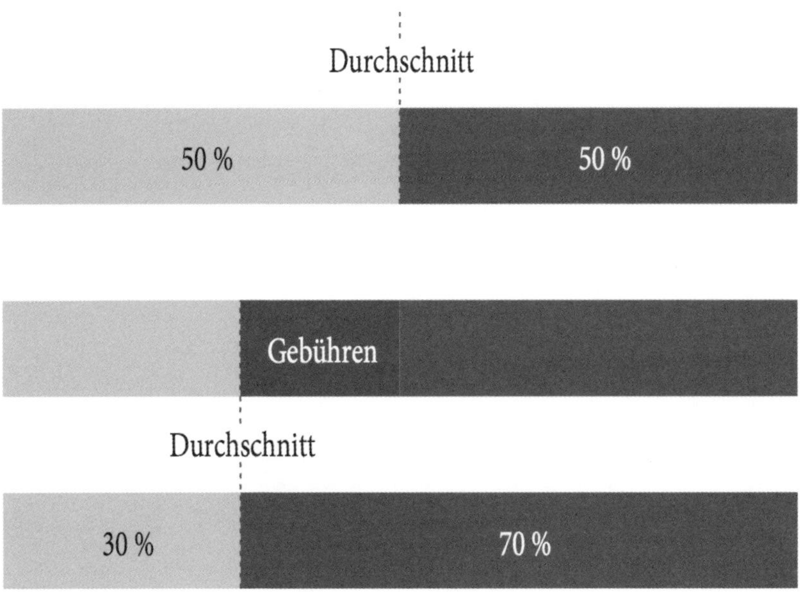

Abb. 5: Der Durchschnitt der Anleger nach Gebühren

„Kern"- und „Satelliten" - Portfolios

Diese Technik wird oft von institutionellen Investoren eingesetzt, um Geldanlagen in zwei getrennte Töpfe aufzuteilen.

Der „Kern-Topf" ist der Teil der Anlagen, den man nicht ins Risiko stellen kann oder will. Im Allgemeinen wird hier in Anleihen oder Blue-Chip-Aktien investiert. Abhängig vom Verhältnis von Anleihen zu Aktien kann dieses Portfolio natürlich im Wert schwanken.

Für den „Satelliten-Topf" wird aggressiver investiert. Er ist der spekulative Teil des Portfolios. Hier könnte man beispielsweise Optionen finden, die sich im Wert verzehnfachen oder schlimmstenfalls auf Null zurückgehen.

Tipps zur Wahl eines guten Copiloten

Obwohl es die in diesem Buch besprochenen Methoden schon seit 40 Jahren gibt und sie im institutionellen Bereich verbreitet eingesetzt werden, gibt es in Europa nur wenige Experten, die mit individuellen Investoren nach diesen Methoden arbeiten. Es ist deshalb ein wichtiger Schritt für Sie, den richtigen Finanzberater zu finden. Um wirklich helfen zu können, muss er oder sie Ihre persönliche Situation kennen, aber auch Ihre Träume und Erwartungen. Wichtig ist, dass Sie jemanden finden, bei dem Sie sich wohlfühlen und dem Sie vertrauen können. Wenn Sie Ihr Portfolio umstellen wollen und einen entsprechenden Berater suchen, könnten die folgenden Vorschläge für Sie interessant sein:

- Sie müssen sicher sein, dass der Berater nach Ihrer **Investment-Philosophie** vorgeht. Man kann sein Portfolio nicht auf passives Management umstellen, wenn der Berater die aktive Richtung verfolgt.
- **Trennen Sie auf jeden Fall die Investitionsberatung vom Aktiendepot**. Lassen Sie sich nie von der Institution beraten, bei der Ihre Anlage deponiert ist. Der Interessenkonflikt wäre zu groß und Sie geraten sofort in eine unterlegene Position.
- **Beratungshonorare**. Stellen Sie sicher, dass der Berater nur von Ihnen bezahlt wird und von den Fonds oder Depotbanken, mit denen er arbeitet, keine *„Kickbacks"* bekommt. Dieses Thema sollte ausdrücklich im Beratervertrag geregelt sein.
- **Der Berater**. Prüfen Sie seine Ausbildung, berufliche Qualifikation und Erfahrung.

Hier einige Fragen an zukünftige Berater:

- Glauben Sie, besser als der Marktdurchschnitt sein zu können? Wenn ja, warum und wie? Falls Sie eine falsche Empfehlung aussprechen, was würde Sie der Fehler kosten?

- Was würden Sie unternehmen, wenn der Markt abstürzt? (Denken Sie daran, dass passive Berater kein *Market Timing*[107] betreiben. Er bleibt beim Investment umso von Markterholungen zu profitieren).
- Fragen Sie, welche Anlagevehikel er wählen würde und welche Kriterien er dafür hat.

Ein guter Berater sollte Sie also leiten können, Ihnen helfen, rationale Entscheidungen zu treffen und emotionale Überlegungen verhindern. Sie wiederum sollten sicher gehen, dass Ihre persönliche Situation Ihr Portfolio bestimmt und nicht Marktbewegungen Ihre Investitionsentscheidung beeinflussen.

Quellen für finanziellen Rat:

- Das Internet ist eine wunderbare Informationsquelle, wo Sie sehr viel Hilfe finden können. Wenn Sie die Zeit aufwenden wollen, können Sie passives Management lernen und die Technik zu sehr geringen Kosten einsetzen. Nachteil ist, dass Sie den Märkten alleine gegenüberstehen und versucht sind, Ihr Verhalten zu ändern, wenn es eng für Sie wird.
- Ein Berater hilft Ihnen, die Grundlagen schneller zu beherrschen und ist eine gute Begleitung in schwierigen Zeiten. Auch erfahrene Investoren, die Ihr Vermögen selbst verwalten, können von einem Berater profitieren. Stellen Sie sicher, dass der Berater keine andere Einnahmequelle hat, als die mit Ihnen vereinbarte.
- Ein Experte in passivem Management ist die effektivste Lösung. Sie garantiert den Zugang zu den Feinheiten des passiven Managements einschließlich institutioneller Fonds, die der Öffentlichkeit und den Banken nicht zur Verfügung stehen. Stellen Sie absolut sicher, dass Ihr Berater keine *Kickbacks* bekommt und halten Sie das im Beratungsvertrag schriftlich fest.

---

107 Siehe technische Hinweise, „*Market Timing*".

Ziele setzen und einen Finanzplan festlegen

Jede vernünftige Investitionsentscheidung sollte mit einem „Business-Plan" beginnen. Wenn einer Ihrer Freunde sie bitten würde, 10.000 EUR in sein Restaurant zu investieren, erwarten Sie doch, dass er Ihnen sein Budget und einige Zahlen zu den geplanten Verkäufen und dem Gewinnpotential seines Unternehmens vorlegt. Wenn Sie Ihr Geld einem Banker anvertrauen werden Sie kaum je einen solchen Plan zu Gesicht bekommen.

Die meisten traditionellen Berater sprechen über Risikoprofile und fragen Sie, ob Sie eher konservativ oder eher aggressiv anlegen wollen. Dieses Gespräch dauert vielleicht 10 Minuten und bestenfalls eine Stunde. Leider beinhaltet dieses Vorgehen zwei große Fehler:

- Investoren haben nicht nur ein Risikoprofil, sondern mehrere, jedes ausgerichtet auf ein spezifisches Ziel.[108]
- Wenn man Investments nicht nach genauen Zielen ausrichtet, führt das zu häufigen Transaktionen, je nachdem wie sich der Markt bewegt. Dieses Hin und Her ist in Bezug auf Rendite meistens kontraproduktiv.

Gute Finanzplanung ist relativ einfach. Es gibt drei Schritte dazu:

1. Definieren Sie Ihr Ziel und den Weg dorthin.
2. Teilen Sie Ihre Geldanlage in „Abteilungen" auf, die auf die jeweiligen Ziele ausgerichtet sind.
3. Stellen Sie sicher, dass Ihre Ziele mit den zur Verfügung stehenden Mitteln auch erreicht werden können.

1. Definieren Sie Ihre Ziele

Sagen wir, Sie haben 100.000 EUR und wollen zwei Dinge tun:

- Sie wollen nächsten Sommer Ihr Haus renovieren und brauchen dafür 50.000 EUR

108 David Bogoslaw, „Retirement: Goal-based Investing Gains Traction." *Bloomberg Businessweek*, 18.08.2009.

- Sie wollen Ihren beiden Kindern in 15 Jahren ein Studium finanzieren und brauchen dafür je 40.000 EUR

Das bedeutet, dass Sie jetzt 100.000 EUR haben und später 130.000 EUR brauchen, um Ihre Ziele zu erreichen. Sind Ihre Ziele machbar? Wahrscheinlich schon – rechnen wir es aus.

2. Teilen Sie Ihre Geldanlage in „Abteilungen" auf

Das Geld für die Renovierung gehört zu einem Profil mit niedrigem Risiko, weil Sie die Rechnungen schon sehr bald zahlen müssen. Das Geld für das Studium hat ein höheres Risikoprofil: Sie brauchen es erst in 15 Jahren. Verluste, die Sie in dieser Zeit erleiden könnten, sind insgesamt weniger signifikant. In diesem Beispiel haben Sie also zwei Risikoprofile.

Ihre Anlage könnte dann auf zwei „Abteilungen" aufgeteilt werden:

- 50.000 EUR mit geringstmöglichem Risiko
- 50.000 EUR mit etwas mehr Risiko

Wie sollten das Geld investiert werden? Mit den Informationen aus den technischen Hinweisen „Aktien und Anleihen" und „Wert schaffen: Aktien" (siehe unten) könnten wir z. B.

- Das Geld für die Renovierung in kurzfristigen Anleihen guter Qualität in Euro anlegen
- Den für das Studium zurückgelegten Teil in ein Portfolio aus 60 % Aktien aus aller Welt und 40 % Anleihen guter Qualität in Euro investieren.

3. Stellen Sie sicher, dass Ihre Ziele erreicht werden können

Werden Sie diese beiden Ziele erreichen können?

Was das Haus betrifft, wissen Sie, dass Anleihen die beste Methode sind, um sicherzustellen, dass Geld vorhanden ist, wenn die Rechnungen kommen.

In Bezug auf das Studium der Kinder haben Sie zwar keine Kristallkugel, aber Sie wissen, dass auf lange Sicht Aktien höhere Renditen als Anleihen erzielen und 15 Jahre eine relativ lange Zeit sind. In diesem Fall ist Ihr bester Anhaltspunkt die Vergangenheit. Sie wissen, dass ein

Portfolio aus 60 % Aktien und 40 % Anleihen im Schnitt 7 % Rendite erzielt. In diesem Tempo würden aus Ihren 50.000 EUR in 15 Jahren 128.927 EUR werden – mehr als Sie brauchen. Sie müssen aber auch bedenken, dass ein Portfolio dieser Art in schlechten Zeiten bis 30 % Wert verlieren kann. Sind Sie bereit, Verluste in dieser Höhe zu akzeptieren?[109]

Diese Methode garantiert keinesfalls, dass Sie genau die Ziele erreichen, die Sie sich gesetzt haben. Sie vermittelt aber die größte Wahrscheinlichkeit dazu – mit dem geringstmöglichen Stress.

Stellen wir uns jetzt vor, dass Sie, nachdem Sie alles durchgerechnet haben, das Gefühl haben, die Ziele kaum erreichen zu können. Sagen wir, Sie wollten in 15 Jahren 200.000 EUR statt 40.000 EUR für jedes der Kinder. Sogar mit 100 % Aktien im Portfolio würden aus Ihren 50.000 EUR in 15 Jahren nur 189.974 EUR werden – 210.000 EUR unter dem Ziel. Welche Möglichkeiten gäbe es in diesem Fall? Hier drei Optionen:

- Revidieren Sie Ihre Ziele nach unten
- Sparen Sie mehr für Ihre Abteilungen

Fangen Sie an zu spekulieren, gedankenlos Risiken einzugehen, alles aufs Spiel zu setzen – mit anderen Worten zurück zum aktiven Management

Ihr Copilot wird Sie zur richtigen Entscheidung begleiten.

109 Siehe technische Hinweise, „Aktien und Anleihen", „Wert schaffen: Aktien" und „Der Zinseszins-Effekt bei Gebühren und Performance".

Von der wissenschaftlichen Forschung zum passiven Management

Passives Management baut auf Dutzenden von Tatsachen auf, die bei wissenschaftlichen und universitären Forschungen gefunden wurden. Einige davon wurden mit Nobelpreisen für Wirtschaft ausgezeichnet.

Hier eine Zusammenfassung[110] der wichtigsten akademischen Studien über Finanzmärkte in der Vergangenheit.

1950: Wissensstand ca. 1950

Anlagen einzeln analysieren. Fokus auf die Auswahl von Gewinnern. Bestände konzentrieren, um Renditen zu maximieren.

Breite Diversifizierung gilt als nicht erstrebenswert.

„Wenn Sie Bescheid wissen, ist breite Diversifizierung nicht erstrebenswert. Eine oder zwei, höchstens drei oder vier Anlagen kaufen. Kompetente Investoren sind nicht zufrieden, wenn sie nur um ein paar kleine Prozentpunkte besser sind als der Durchschnitt.„

Gerald M. Loeb, *The Battle for Investment Survival*, 1935

1952: Diversifikation und Portfolio Risiko

Harry Markowitz, Wirtschaftsnobelpreis 1990

Diversifizierung reduziert das Risiko.

Anlagen nicht nach individuellen Charakteristiken einschätzen sondern nach dem Effekt auf das Portfolio. Ein optimales Portfolio kann so aufgebaut werden, dass bei gegebener Standardabweichung maximaler Gewinn resultiert.

110 Quelle : Dimensional Fund Advisors.

1958: Die Rolle der Aktie

James Tobin, Wirtschaftsnobelpreis 1981

Aufteilungstheorem:

- Erstelle Portfolio mit riskanten Anlageformen
- Mildere das Risiko durch Leihen und Verleihen

Beachte die Portfoliostruktur mehr als die Auswahl der Einzeltitel!

„Liquidity Preference as Behavior Toward Risk", Review of Economic Studies,

February 1958.

1961: Investment und Kapitalstruktur

Merton Miller und Franco Modigliani, Wirtschaftsnobelpreis 1985 und 1990

Theorem verbindet Unternehmensfinanzen und Renditen.

Der Wert eines Unternehmens ist nicht mit seiner Dividendenpolitik verbunden.

1964: Ein-Faktoren-Modell für das Verhältnis von Anlagenpreisrisiko und Rendite

William Sharpe, Wirtschaftsnobelpreis 1990

Preismodell für Kapitalanlagen:

Theoretisches Modell definiert Risiko als Volatilität relativ zum Markt.

Die Kapitalkosten einer Anlage (erwartete Rendite des Investors) sind proportional zum Risiko der Aktie im Vergleich zum Aktiengesamtmarkt.

Theoretisches Modell zur Bestimmung des Risikos und der Rendite von Geldanlagen und Portfolios.

1965: Das Verhalten von Anlagepreisen

Paul Samuelson, MIT, Wirtschaftsnobelpreis 1970

Marktpreise sind die beste Schätzung für den Wert.

Preisänderung verlaufen nach zufälligen Mustern. Zukünftige Preise sind nicht prognostizierbar.

„Proof that Properly Anticipated Prices Fluctuate Randomly,"

Industrial Management Review, Spring 1965.

1966: Hypothese der effizienten Märkte

Eugene F. Fama, University of Chicago

Ausführlich Forschung zu Mustern von Aktienkursen.

Entwickelt die „Hypothese der effizienten Märkte", die feststellt, dass der Preis den Wert und Informationen genau und schnell widerspiegelt. Es ist schwierig, wenn nicht sogar unmöglich, höhere Renditen oberhalb der Marktrenditen zu erzielen, ohne höheres Risiko als das Risikoniveau des jeweiligen Marktes einzugehen. Investoren können besonders gute Aktien nicht über Basisinformationen oder Preismuster erkennen.

1968: Erste große Studie zur Performance von Fondsmanagern

Michael Jensen, 1965; A.G. Becker Corporation, 1968

Erste Studie zu öffentlichen Investmentfonds (Jensen) und institutionellen Anlageplänen (A.G. Becker Corp.) deuten an, dass aktive Manager schlechter als die Indizes abschneiden.

Becker Corp. bereichert die Beratungsbranche mit Leistungstabellen in einem „Green Book", die Resultate mit Benchmarks vergleichen.

1971: Geburtsstunde der Indexfonds

John McQuown, Wells Fargo Bank, 1971;

Rex Sinquefield, American National Bank, 1973

Banken entwickeln die ersten passiven S&P 500 Indexfonds. Jahre später ist Sinquefeld Vizegeschäftsführer bei Dimensional Fund Advisors und John A. McQuown Mitglied der Geschäftsführung.

1972: Preismodell für Optionsgeschäfte

Fischer Black and Myron Scholes, University of Chicago; Robert Merton, Harvard

University; Wirtschaftsnobelpreis 1997

Die Entwicklung des Preismodells für Optionsgeschäfte eröffnet neue Wege, um Risiko zu segmentieren, zu quantifizieren und zu managen.

Das Modell führt zur Entwicklung eines Marktes für alternative Investments.

1975: Erstmalig stellt ein größerer institutioneller Anleger auf Indexing um

Die New York Telephone Company investiert 40 Millionen USD in einen S&P 500 Index - erster institutioneller Anleger bei Indexfonds.

Dies hilft, die Ära des Index-Investierens ins Leben zu rufen.

„Fondssprecher sind schnell dabei, zu sagen, dass man die Marktdurchschnitte nicht kaufen kann. Es wird Zeit, dass sie für die Öffentlichkeit geöffnet werden."

Burton G. Malkiel, *A Random Walk Down Wall Street*, 1973 ed.

1975: Gründung des Vanguard Index 500 Fonds

John Bogle, Vanguard

Erster Indexfonds für Privatinvestoren

1977: Datenbank für Kursentwicklungen seit 1926

Roger Ibbotson and Rex Sinquefield, Stocks, Bonds, Bills, and Inflation

Erstmalig wird eine ausführliche Datenbank für die Renditen mehrerer Anlageklassen entwickelt. Sie wird zur meistgenutzten Investment-Datenbasis.

Diese umfangreiche, empirische Basis für Anlageentscheidungen verändert die Methode, nach der Investoren ihre Portfolios aufbauen.

1981: Der Größeneffekt

Rolf Banz, University of Chicago

Analysierte die Aktien der New Yorker Börse von 1926-1975

Er findet heraus, dass sich auf lange Sicht kleine Werte besser entwickeln als große und sich auch anders verhalten.

1984: Strategie mit festverzinslichen Wertpapieren unterschiedlicher Laufzeit

Eugene F. Fama

Ohne Prognose von Zinssätzen entwickelt Eugene F. Fama eine Methode zur Anpassung von Laufzeiten, die zu optimalen Positionen auf der Renditekurve für festverzinsliche Wertpapiere führt.

„The Information in the Term Structure"

Journal of Financial Economics 13:4 (December 1984) : pp 509-528

1990: Der Nobelpreis ehrt das moderne Finanzsystem

Wirtschaftler, die unseren Investitionsweg bereitet haben, werden geehrt, die Rolle der Wissenschaft im Finanzwesen wird betont.

William F. Sharpe für das Capital Asset Pricing Model (CAPM)

Harry Markowitz für die Portfoliotheorie

Merton Miller für seine Arbeit zum Effekt der Kapitalstruktur und der Dividendenpolitik auf den Aktienpreis eines Unternehmens.

1992: Multifaktoren Modell für die Preisfindung von Geldanlagen und Werteffekt

Eugene Fama and Kenneth French, University of Chicago

Verbessert das Einfaktoren- Modell (CAPM).

Identifiziert Markt-, Größen- und „Wert„-Faktoren bei Renditen.

Entwickelt das Drei-Faktoren-Modell, ein sehr wertvolles Tool zur Geldanlage und Portfolioanalyse.

1995: Größeneffekt auf internationalen Märkten

Steven L. Heston, K. Geert Rousenhorst and Roberto E. Wessels

Zeigen auf zwölf internationalen Märkten, dass kleine Unternehmen im Durchschnitt höhere Aktienrenditen aufweisen.

„The structure of International Stock Returns and the Integration of Capital Markets." *Journal of Empirical Finance* 2:3 (September 1995): pp.173-197

2006: Aktienstrategie

Eugene F. Fama and Kenneth R. French

Durch Übergewichtung von Nebenwerten und „Value"-Aktien (niedrig bewertete Werte, Anm. M. Marquardt) im Vergleich zum Gewicht im Markt können Portfolio-Umsätze und Gebühren verringert werden.

„Migration," CRSP Working Paper no. 614, Center for Research in Security Prices,

University of Chicago, February 2007

2013: Nobelpreis für Eugene Fama

Nobelpreis für Eugene Fama, Lars Peter Hansen und Robert Shiller

Es ist nicht möglich vorherzusehen, ob die Kurse für Aktien oder Anleihen in den nächsten Tagen oder Wochen steigen oder fallen. Aber es ist durchaus möglich die längerfristigen Kursbewegungen, z. B. für drei oder fünf Jahre, dieser Wertpapiere vorherzusagen. „The Prize in economic sciences 2013 - Royal Swedish Academy of Sciences", Oktober 2013

Aktien und Anleihen

Ein Unternehmen hat zwei Möglichkeiten, sich auf dem Markt Geld zu beschaffen:

- Es kann sein Kapital durch Ausgabe von Aktien erhöhen
- Es kann sich über Anleihen Geld leihen

Ein Aktienanteil repräsentiert einen Teil des Firmenkapitals. Aktionäre werden so zu Eigentümern. Der Wert ihres Investments fluktuiert mit der finanziellen Entwicklung des Unternehmens. Aktienpreise variieren ohne obere oder untere Grenzen.

Der Preis einer Anleihe schwankt aus zwei Gründen wesentlich weniger als der einer Aktie:

- Die Rendite der Anleihe – der Zins, den das Unternehmen für die „Miete" des Geldes zahlt – garantiert einen Mindestpreis für die Anleihe.
- Inhaber von Anleihen werden im Fall eines Bankrotts immer vor den Aktionären entschädigt. Deshalb können Inhaber von Anleihen ihre Investition wettmachen – Aktionäre meistens nicht.

Die Grafik unten zeigt den Unterschied zwischen Aktien und Anleihen bezüglich Risiko und Rendite.

- Betrachten Sie die untere Kurve, die die Bewegung qualitativ hochwertiger kurzfristiger Anleihen in Schweizer Franken darstellt. Die Rendite ist relativ niedrig und stabil, aber nie negativ.
- Die obere Kurve zeigt die Bewegung von Aktienmärkten (25 % Schweiz, 25 % Europa und 50 % Welt, vierteljährlich neu gewichtet). Sie sehen, dass Aktien langfristig an Wert gewinnen, in einzelnen Jahren aber erhebliche Schwankungen mit Rückgängen von bis zu 44% des Aktienwertes vorkommen.

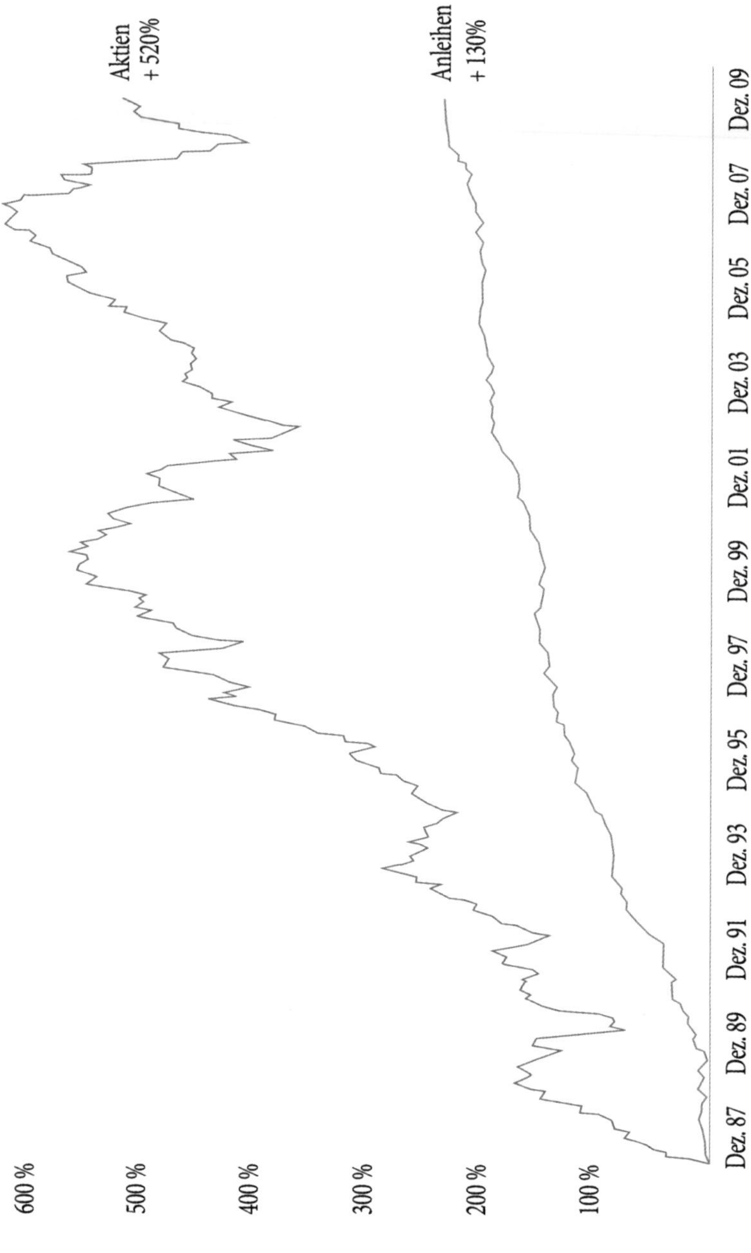

Abb. 6: Aktien oder Anleihen? Risiko oder Rendite?

Für jeden Franken, den man 22 Jahre lang investiert, gibt es:	Anleihe	Aktie
Betrag in Franken	2,30 CHF	6,20 CHF
Schlechtestes Jahr	+ 0,06 %	- 44 %
		Quelle: MSCI Citigroup Index

Aufteilung des Portfolios auf unterschiedliche Finanzanlagen

Investments fallen in zwei große Kategorien:

- Festverzinsliche Anlagen mit niedrigem Risiko und niedriger Rendite, z. B. Anleihen
- Risikoreiche Anlagen wie Aktien, die substanzielle Gewinne bieten.

Ein traditionelles Portfolio kann aus allen möglichen Finanzprodukten bestehen, jedes ausgefeilter als das nächste. Leider sind diese Produkte oft komplex und teuer, zusätzlich fehlt ihnen Transparenz.

Sehen wir uns ein beispielhaftes traditionelles Portfolio mit folgenden Positionen an:

- Bargeld auf einem Giro-Konto, treuhänderische Anlagen
- Unternehmens- oder Staatsanleihen
- ein Anleihe-Fonds
- ein Produkt mit Kapitalgarantie
- Einzelaktien
- ein Aktienfonds
- ein Immobilienfonds
- ein Hedgefonds
- Rohstoffe

Ein passiver Berater stellt ein Portfolio zusammen, das so einfach wie möglich ist und den Investor in den Gesamtmarkt (kein *Stock Picking*, keine subjektive Auswahl) investieren lässt, um optimale Renditen zu erhalten. Dazu nutzt er Finanzprodukte, die maximale Diversifizierung garantieren und minimale Kosten aufweisen.

Unter passivem Management würde das oben gezeigte traditionelle Portfolio wie folgt aufgeteilt:

Traditionelles Portfolio		**Passives Portfolio**
• Bargeld auf einem Giro-Konto • treuhänderische Anlagen • Unternehmens- oder Staatsanleihen • ein Anleihefonds • ein Produkt mit Kapitalgarantie	}	Anleihen mit Top Ratings
• Einzelaktien • ein Aktienfonds • ein Immobilienfonds • ein Hedgefonds • Rohstoffe	}	alle Aktien der Welt
Hohe Gebühren		***Minimierte Gebühren***

Offensichtlich ist es wesentlich einfacher, das Risiko auf der rechten Seite zu evaluieren.

Das Risiko von Bargeld

Eine Bank funktioniert in etwa wie ein Möbellager. Ganz einfach ausgedrückt bietet sie zwei Formen der Geldanlage:

- **Investments** (Aktien, Anleihen, Fonds, etc.) werden in den Tresoren der Bank einfach „aufbewahrt". Wie Möbel gehören die Geldanlagen den Leuten, die sie eingelagert haben und sie erscheinen nicht in der Bilanz der Bank. Sie werden separat abgerechnet. Wenn die Bank pleitegeht, können die Kunden ihr Eigentum wieder abholen.
- **Flüssige Mittel** (Bargeld und treuhänderische Anlagen) stehen in der Bilanz der Bank. Im Möbellager-Beispiel könnte das Geld sein, das für drei Jahre Miete vorausbezahlt wurde. Wenn das Möbellager pleitegeht, bekommen die Kunden zwar die Möbel wieder, aber nicht die vorausbezahlte Miete. Im Fall der Bank ist Geld auf einem Giro- oder Sparkonto Teil des Bankvermögens und wird im Fall einer Insolvenz an die Gläubiger ausgezahlt.

Um das Insolvenzrisiko für die Bankkunden zu mildern, garantieren viele Regierungen Geldanlagen auf Bankkonten bis zu einem gewissen Betrag. Im Insolvenzfall verlieren Bankkunden dann nur den Betrag, der die Garantiegrenze übersteigt. In Finanzkrisen wie im Jahr 2008 eröffnen Sparer dann oft mehrere Konten bei verschiedenen Banken, jeweils mit Beträgen unterhalb der Garantiegrenze.

Eine einfachere Alternative dazu wäre z. B. die Investition in Staatsanleihen.

Staatsanleihen – die sicherste Geldanlage

Der Preis einer Anleihe schwankt je nach Laufzeit und Rendite. Er hängt auch von der Bonität des Anleiheemittenten ab, d.h. von seiner Fähigkeit, die Anleihe zurückzuzahlen.

Staatsanleihen funktionieren ganz ähnlich wie Unternehmensanleihen.[111] Wenn eine Regierung Geld benötigt, legt sie eine Anleihe auf und zahlt sie zu festen Zinsen in einem festgelegten Zeitraum zurück. Im Gegensatz zu einem Unternehmen kann eine Regierung in Krisenfällen Geld beschaffen, indem sie einfach welches druckt.[112] Das bedeutet, dass eine Regierung, anders als jede andere Institution, nie in ihrer eigenen Währung insolvent werden kann.

111 Siehe technische Hinweise, „Aktien und Anleihen".

112 Obwohl es stimmt, dass Gelddrucken negative Effekte wie Vertrauensverluste und Inflation auslöst, hat ein Investor doch die Sicherheit, wieder ausbezahlt zu werden. Wer in griechische Staatsanleihen in Euro investiert hat, ist theoretisch auch dem Schuldnerrisiko ausgesetzt, denn obwohl Griechenland ein Staat ist, kann es doch keine Euros drucken. Es wäre vernünftiger, Euro-basierte Obligationen zu wählen, die direkt vom „Gelddrucker" ausgegeben werden – in diesem Fall von der Europäischen Zentralbank.
Eugene F. Fama and Kenneth R. French, „Value versus Growth: The International Evidence." *Journal of Finance,* December 1998. Ombudsman des banques suisses.

Kurzfristige Staatsanleihen in der Währung Ihres Landes

Um die Unsicherheiten von Prognosen zu vermeiden, ist es wichtig, Geld, das Sie auf keinen Fall verlieren dürfen in der sicherst möglichen Form anzulegen und dafür niedrigere Renditen zu akzeptieren.[113]

Die sicherste Geldanlage ist eine kurzfristige Staatsanleihe in der eigenen Referenzwährung.[114]

Warum?

- Eine Staatsanleihe ist die sicherste Geldanlage.[115]
- Kurzfristig Anleihen bedeuten ebenfalls mehr Sicherheit, da langfristige Anleihen Sie dem Inflationsrisiko in der Zukunft und möglichen Verlusten aussetzen. Wenn Sie beispielsweise eine langfristige Anleihe (z. B. 30 Jahre) mit einer Rendite von 3% pro Jahr kaufen und die Inflation auf 5 % springt, verliert die Anleihe an Wert, weil die 3 % Zinsen, die sie erzielt, unter der Inflationsrate liegen. Über kürzere Zeiträume (z.B. unter 3 Jahre) ist der Effekt der Inflation auf den Anleihewert praktisch Null.
- Indem Sie bei der Referenzwährung bleiben, vermeiden Sie Wechselkursrisiken.[116]

---

113 Risiko und Rendite sind untrennbar verbunden :
William F. Sharpe. „Capital Asset Prices: A Theory of Market Equilibrium under Conditions of Risk." *Journal of Finance* 19:3 (1964): 425-442.
Jeremy J. Siegel. *Stocks for the Long Run*. New York : McGraw-Hill, 1998
Sidney Homer, A History of Interest Rates. New Brunswick, NJ: Rutgers University Press, 1963
Eugene F. Fama and Kenneth R. French, „The Cross-Section of Expected Stock Returns." *Journal of Finance*, December 1998.

114 Referenzwährung ist normalerweise die Währung, in der der Kunde sein Geld ausgibt. Nehmen wir an, jemand lebt ein halbes Jahr in den USA und ein halbes Jahr in Europa. Idealerweise hätte er dann zwei Portfolios, um seine Ausgaben in beiden Ländern zu bezahlen – eines in Dollar und eines in Euro.

115 Siehe technische Hinweise, „Staatsanleihen – die sicherste Geldanlage".

116 Siehe technische Hinweise, „Unnötige Risiken".

Staatsanleihen und Inflation

Vergleichen wir einmal die Kurven für die Inflation und für US-Staatsanleihen in der folgenden Abbildung 7.

Das gewählte Beispiel deckt 83 Jahre Geschichte ab, eine Zeit die von Börsencrashs, Weltkriegen, Wahlen usw. geprägt war. In der Zeit von 1926 bis 2006 verwandelte die Inflation – der allgemeine Preisanstieg – einen US-Dollar in zwölf US-Dollar. In anderen Worten: für ein Frühstück, das damals einen Dollar kostete, müssen Sie heute zwölf Dollar hinlegen.

In der gleichen Zeit stiegen kurzfristige US Staatsanleihen von 1 USD auf 21 USD. Wenn man das Kapital jedes Jahr reinvestiert und die Zinsen auf dem Konto gelassen hätte, wären aus 1 Million USD heute 21 Millionen USD geworden und man hätte mit der Inflation in etwa Schritt gehalten.

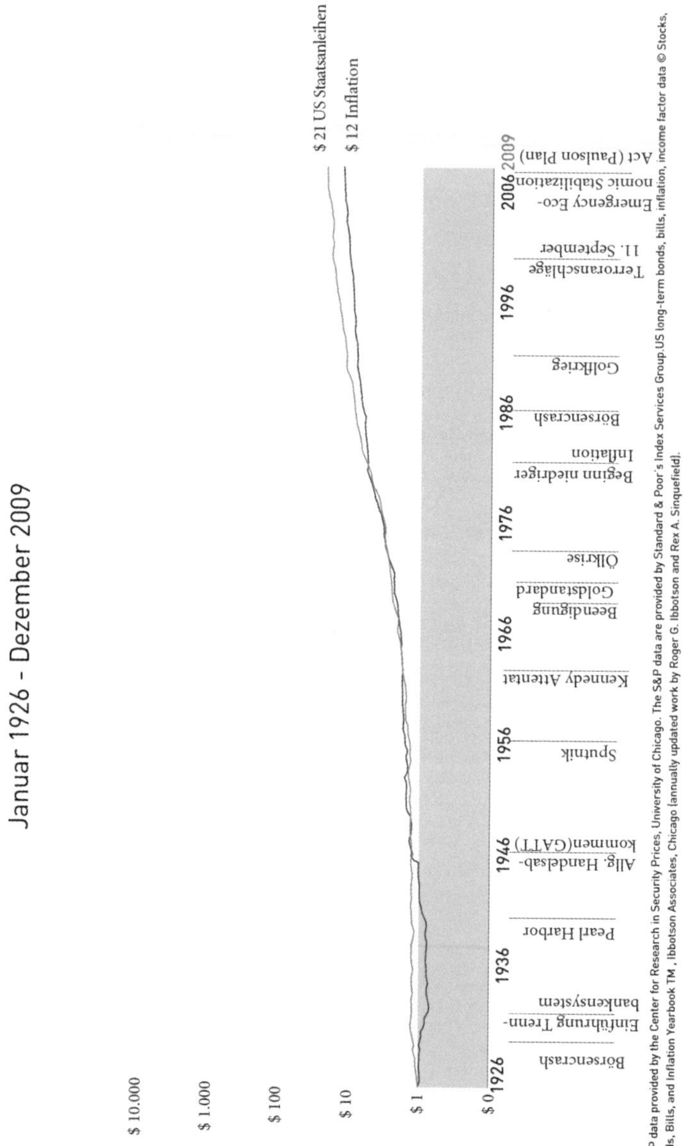

Abb. 7: Inflation und Kurs von Staatsanleihen

Substanz bilden: Aktien

Gehen wir nochmal zur Abbildung 6 zu Inflation und US Staatsanleihen und fügen eine Kurve für die Marktentwicklung des S&P 500 – der 500 größten US-Unternehmen – für den gleichen Zeitraum von 83 Jahren hinzu.

In Reaktion auf die Ereignisse zwischen 1926 und 2009 zeigt die Kurve in Abbildung 7 echte Erfolge und dramatische Misserfolge. Einige Unternehmen fielen aus dem S&P 500, andere wurden aufgenommen, aber trotz Pleiten, Rückkäufen und Börsencrashs steigt die Kurve stetig an, so dass aus einem US-Dollar des Jahres 1926 heute 2.592 US-Dollar geworden sind. Eine Investition von 1 Million US-Dollar im Jahr 1926 wäre im Dezember 2009 2,592 Milliarden US-Dollar wert gewesen.

Der US-Nebenwert-Index ist noch imposanter: 1 US-Dollar ist auf 12.231 US-Dollar angewachsen. Diese kleinen Unternehmen sind natürlich volatiler (schwankungsintensiver), aber sie gewinnen erstaunlich an Wert, wenn sie erfolgreich sind.[117]

Risiko und Rendite sind proportional: kleine Unternehmen sind riskanter als große, aber sie bieten höhere Renditen.

117 Steven L. Heston, Geert K. Rousenhorst, and Roberto E. Wessels, „The Structure of International Stock Returns and the Integration of Capital Markets." *Journal of Empirical Finance 2:3* (1995):173-197.

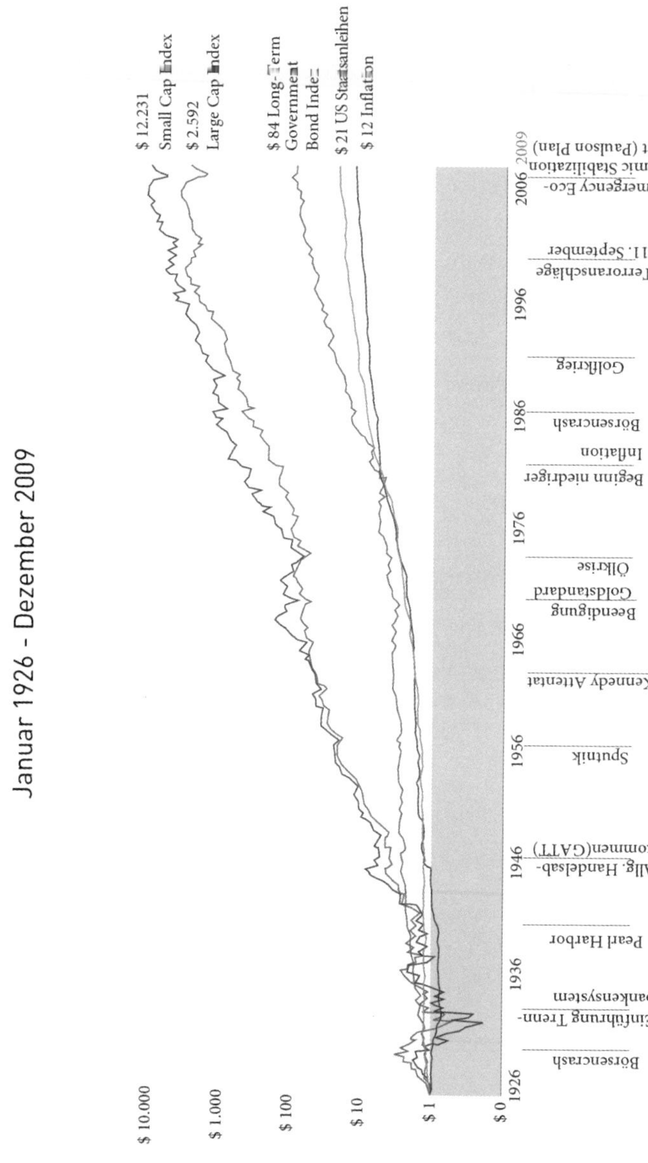

CRSP data provided by the Center for Research in Security Prices, University of Chicago. The S&P data are provided by Standard & Poor's Index Services Group.US long-term bonds, bills, inflation, income factor data © Stocks, Bonds, Bills, and Inflation Yearbook TM , Ibbotson Associates, Chicago (annually updated work by Roger G. Ibbotson and Rex A. Sinquefield).

Abb. 8: Inflation und Aktienkurse

Der Zinseszins-Effekt bei Gebühren und Performance

Wenn man für eine Investition Zinsen erhält und sie wieder anlegt, ergibt sich der Zinseszins-Effekt – Zinsen auf die Zinsen. Dieses sehr wichtige Konzept bedeutet, dass sehr kleine Prozentunterschiede enorme, langfristige Auswirkungen haben.

Der Einfluss des Zinseszinseffekts auf Gebühren:

Nehmen wir einmal an, Sie haben ein Kapital von einer Million Euro, das mit 6,5 % pro Jahr rentiert und dass Ihr Banker dafür 1 % jährliche Verwaltungsgebühr verlangt. Aus Ihrer Million Euro würden dann nach 30 Jahren 5 Millionen Euro.

Stellen Sie sich nun vor, dass unter sonst gleichen Umständen Ihr Banker 3 % kassieren würde. Jetzt hätten Sie nach 30 Jahren nur noch 2,8 Millionen Euro – nur etwa halb so viel wie im ersten Fall.

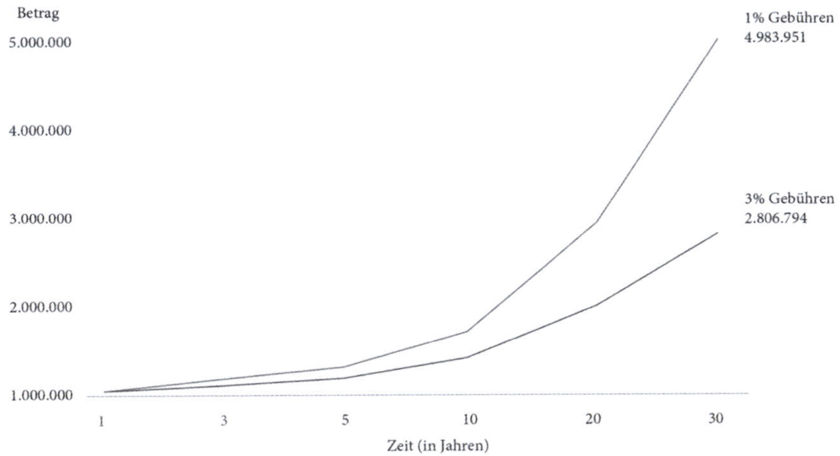

Abb. 9: Gebühren und Zinseszins

> *Auf die Frage, was er für die größte Erfindung der Menschheit halte antwortete Albert Einstein ohne zu zögern: „Der Zinseszins!“*
>
> ***Charles Ellis, Investment Policy, 1985***

Das Wunder des Zinseszins-Effekts auf die Renditen wird von der Tyrannei des Zinseszins-Effekts bei den Kosten begraben

John Bogle, The Little Book of Common Sense Investing, 2007

Der Effekt des Zinseszinses auf Renditen:

Wenn Zinsen immer wieder reinvestiert werden, schafft das mehr Wert als jeder andere Einzelfaktor. Nehmen Sie die Geschichte vom Verkauf der Insel Manhattan aus dem Jahr 1626, die die Indianer für Waren im Wert von 24 Dollar verkauft haben. Der Verkauf wird als der schlechteste Handel der Geschichte bezeichnet, weil die Insel heute 528 Milliarden Dollar wert ist.[118] Hätten die Indianer das Anfangskapital von 24 Dollar zu 6 % Zins pro Jahr investiert, wäre ihre Investition Ende 2009 118 Milliarden Dollar wert gewesen. Hätten Sie aber 6,5 % Zins auf das gleiche Kapital bekommen,[119] wären die anfänglichen 24 Dollar heute 716 Milliarden wert! Dieses Beispiel zeigt, welchen gigantischen Effekt ein kleiner Unterschied in der Rendite (0,5 % pro Jahr) langfristig haben kann (598 Milliarden Dollar).

> *Das Geheimnis, wie man langsam (aber sicher) reich wird, ist das Wunder des Zinseszins-Effektes – Ein Dollar, der 1802 in Aktien investiert wurde, wäre Ende 2007 auf sieben Millionen Dollar angewachsen*
>
> **Burton Malkiel, *A Random Walk Down Wall Street, 1973***

118 Jhoanna S. Robledo, „Because we wouldn't trade a patch of grass for $528,783,552,000." http://nymag.com/nymetro/news/reasonstoloveny/15362, December 18, 2005.

119 Zum Vergleich: Ein Portfolio, das zu gleichen Teilen Aktien und Anleihen enthält, hätte in den letzten 80 Jahren eine jährliche Durchschnittsrendite von ca. 8 % erbracht.

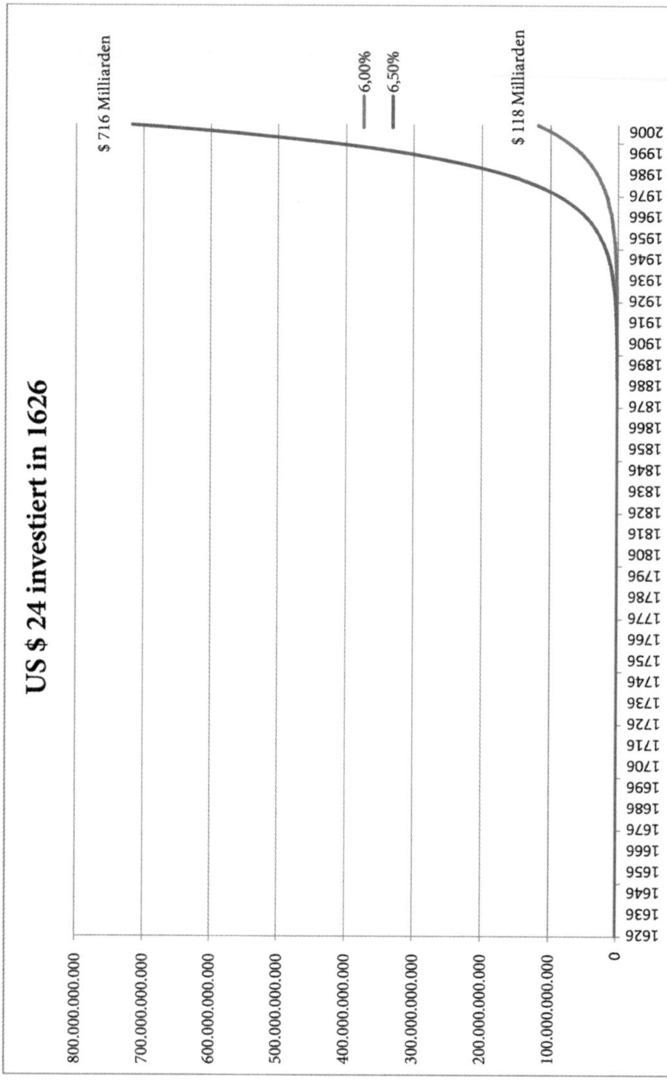

Abb. 10: Langfristige Auswirkung von Zinseszins

Der Effekt der Wahl der Anlageform auf die Portfolio-Performance

Um Zusammenhänge zwischen verschiedenen Faktoren zu beweisen benutzt man mathematische und statistische Methoden. Sie zeigen z. B., dass die Temperaturunterschiede in der Schweiz hauptsächliche durch die Jahreszeiten und die Tag- und Nachtzyklen zu erklären sind.

Die gleichen Methoden können auch Faktoren erklären, die hinter der Performance eines Investments stecken. Studien dazu[120] zeigen, dass bei der Portfolio Performance das gewählte Risikoniveau der bei weitem größte Einflussfaktor (ca. 90 %) ist. Mit anderen Worten: wie viele festverzinsliche Anlagen es im Vergleich zu risikoreicheren enthält.

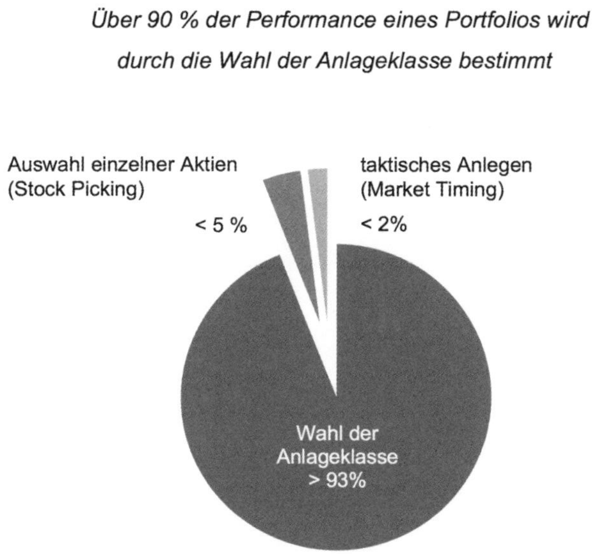

Abb. 11: Wahl der Anlageklassen

120 Gary P. Brinson, L. Randolph Hood, and Gilbert L. Beebower. „Determinants of Portfolio Performance." Financial Analysts Journal, July-August 1986. Follow-up study, „Revisiting Determinants of Portfolio Performance: An Update" 1990 Working Paper, 1986, 1990.

Kritiker behaupten, dass taktisches Anlegen (Market Timing)[121] die Performance bestimmt, aber sie haben Unrecht. Die Studien beweisen ganz klar, dass langfristiges strategisches Anlegen der bestimmende Faktor ist, z.B. die Wahl zwischen einem ausgewogenen Portfolio und einem konservativen Portfolio.

121 Siehe technische Hinweise, *„Market Timing"*.

Unnötige Risiken

Ein Risiko wird als unnötig bezeichnet, wenn es nur wenige Glückspilze belohnt und den Durchschnittsinvestor mehr kostet, als es bietet. In einigen Fällen kann man mit Risiko gar nichts gewinnen, aber netto Verluste machen. Die unten beschriebenen Risiken zählen dazu:

Betrugsrisiko: Dafür gibt es viele unglückliche Beispiele und jedes Jahr tauchen neue Fälle auf. Trotz der Gesetzgebung und Kontrolle durch die Behörden[122] findet man in den Wirtschaftsteilen der Zeitungen immer wieder Berichte über Betrügereien.

Insolvenzrisiko (Bankpleiten): Wenn liquide Anlagen in den Bankbilanzen oder in Treuhanddepots auftauchen, kann eine Insolvenz der Bank zum Totalverlust dieser Anlagen führen.[123]

Beratungsrisiko: Das Risiko, dass ein Berater schlechte Investments auswählt.

Kursrisiko: Ein Investment in einer Fremdwährung riskiert Abwertungen der Fremdwährung im Vergleich zur Referenzwährung.

Zinsrisiko: Je länger die Anlage läuft, desto größer ist das Risiko, dass der Wert durch hohe Inflation verfällt.[124]

Liquiditätsrisiko: Manche Investments werden für Monate eingefroren. Das heißt, dass der Fondsbesitzer warten muss, bis er sein Geld wieder bekommt.

Risiko einer Unternehmensinsolvenz: Wenn ein Unternehmen in die Insolvenz rutscht, dessen Aktien Sie in Ihrem Depot halten (z. B. Swissair) geht das investierte Geld verloren.[125]

122 Viele Staaten haben heute, besonders nach der Aufdeckung der Madoff Affäre Mechanismen zur Regulierung von Fonds entwickelt. In Europa fordert UCITS III, dass Fonds so strukturiert werden, dass Anleger vor Betrug geschützt sind.

123 Siehe technische Hinweise, „Das Risiko von Bargeld".

124 Siehe technische Hinweise, „Unnötige Risiken".

125 Dieses Risiko besteht auch in passiven Portfolios. Nachdem sie aber Aktien tausender verschiedener Unternehmen enthalten, ist das Bankrottrisiko vernachlässigbar (daher die Bedeutung der Diversifizierung).

Alle genannten Risiken können vermieden werden. Warum sollten Sie diese dann eingehen, gerade wenn Sie die möglichen Folgen schon kennen?

> *Indexfonds eliminieren die Risiken von Einzelaktien, Marktsegmenten und Beraterwahl. Nur das Börsenrisiko bleibt.*
> ***John Bogle, The Little Book of Common Sense Investing, 2007***

Inflation und Volatilität

Inflation:

Als Inflation bezeichnet man den Anstieg der Lebenshaltungskosten. Was man einmal für einen Euro kaufen konnte, kostet heute 2, 5 oder 10 Euro. Wenn Sie einen Geldschein 10 Jahre lang in Ihrer Brieftasche haben, ist sein Nennwert zwar gedeckt, aber seine Kaufkraft ist wegen des allgemeinen Preisanstieges gesunken. Inflation ist ein andauerndes, unvermeidliches Phänomen. Dagegen können Sie nichts unternehmen, außer philosophisch zu resignieren und aufhören, sich darüber Sorgen zu machen.

Volatilität:

Volatilität ist das Maß für die Kursschwankungen Ihres Investments, ein Parameter zur Quantifizierung des finanziellen Risikos der Geldanlage. Wenn ein Investment hohe Volatilität aufweist, können Sie sowohl große Gewinne machen, als auch große Verluste riskieren. Die Volatilität von Märkten hängt von drei Faktoren[126] ab:

- dem Markt selbst: Renditen aus Aktien liegen höher als die festverzinslicher Anlagen (Anleihen).
- der Marktkapitalisierung: Renditen kleinerer Unternehmen sind höher als die größerer (Nebenwert-Effekt)
- den Renditen von niedrig bewerteten Unternehmen. Sie werden zu niedrigen Preisen gehandelt und ihre Renditen sind höher als die von hoch bewerteten Unternehmen (Value-Effekt)

Die oben erwähnten Risiken kann man ausnutzen und sie gezielt einsetzen. Sie sind – vorausgesetzt, der Investor hat Geduld – die einzigen, die nachhaltige Ergebnisse produzieren.

126 Eugene F. Fama & Kenneth R. French, „Common Risk Factors in the Returns on Stocks and Bonds." *Journal of Financial Economics*, 33:1 (1993),3-56. Eugene F. Fama & Kenneth R. French, „The Cross-Section of Expected Stock Returns." *Journal of Finance*, 47:2 (1992), 427-465.

Der notwendige Kompromiss[127]

Inflation und Volatilität sind die einzigen Risiken, die nicht aus einem Portfolio ausgeschlossen werden können.

Aktien bieten langfristig Schutz gegen Inflation, weil ihre Rendite höher ist. Anleihen unterliegen zwar der Inflation, bieten aber wegen ihrer Sicherheit Schutz gegen die Volatilität der Aktien.

Investoren müssen sich also entscheiden, ob sie sich schützen wollen vor:

- Marktvolatilität, dann sollten sie einen größeren Anteil Anleihen kaufen, aber wissen, dass sie stärker dem Inflationsrisiko ausgesetzt sind.
- Inflation, dann sollten sie in einen größeren Anteil Aktien investieren, aber dabei Kursschwankungen (Volatilität) einkalkulieren.

127 Siehe technische Hinweise, „Aktien und Anleihen".

Passives Management: 5 % mehr Performance

Jahr für Jahr liegt die Marktrendite aus zwei Gründen über der durchschnittlichen Rendite aktiver Investoren:[128]

- **Kosten:** Im Schnitt kostet aktives Management doppelt so viel wie passives Management.[129]
- **Kosten von Fehlern:** Schlechte Beraterentscheidungen ergeben Opportunitätskosten. Wenn ein Anleger Fonds oder andere börsennotierte Anlagen kauft, die schlecht laufen, vergibt er die Chance, die durchschnittliche Marktrendite zu erzielen.

Viele Studien[130] haben gezeigt, dass aktives Management den Investor im Vergleich zum Markt zwischen 3 % und 6 % pro Jahr kostet.

Nehmen wir die Studie, die *The Economist* im Februar 2008 zitiert. Sie verglich die Performance des S&P 500 – der Index besteht aus den größten 500 US-Unternehmen – mit der Performance von Aktienfonds, die den S&P 500 schlagen wollten.

Zwischen 1980 und 2005 stieg der S&P 500 im Schnitt um 12,3% pro Jahr. Ein Investor, der einen Aktienfonds gekauft hat, hätte aber nur

128 Siehe technische Hinweise, „Wenige Berater sind besser als der Markt".

129 Kenneth R. French, „The Cost of Active Investing." Journal of Finance, http://ssrn.com/abstract=1105775, April 2008.
Hier muss man eine Gesamtbetrachtung durchführen, die nicht nur die Verwaltungsgebühren, sondern auch Transaktions-, Händler- und Fondsgebühren mit einbezieht.

130 Andy Baker, „Money for old hope." Special Report from The Economist, 28.02.2008.
Jonathan Clements, „Only Fools Fall in… Managed funds?" Wall Street Journal, 15.09.2002.
Pat Regnier. „Can you outsmart the markets?" Fortune Magazine, 21.12.2009.
Standard & Poor's. „Standard & Poor's Indices Versus Active Funds Scorecard, Year End 2008." http://www.standardandpoors.com/indices/spiva/en/us, 20.04.2009.
Jason Zweig, „Why so many investors keep fooling themselves?" Wall Street Journal, 16.01.2010

7,3 % pro Jahr verdient. Aufgezinst über einen langen Zeitraum hätten diese 5 % jährliche Differenz einen katastrophalen Effekt auf die Performance des Portfolios.

Economist.com 28. Februar 2008

“in den 25 Jahren von 1980 bis 2005, hatte der S&P500 Index eine durchschnittliche Rendite i.H. von 12,3% pro Jahr [...] der durchschnittliche Investor verdiente lediglich 7,3% pro Jahr”

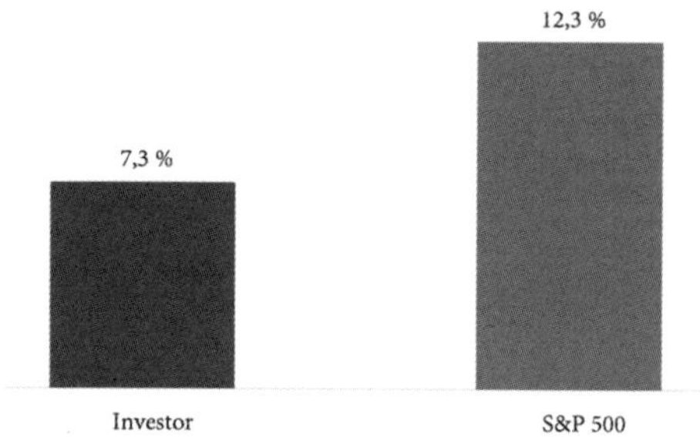

Für jede 1980 investierte Million:

5,4 Mio. 16,1 Mio.

Abb. 12: Investorengewinne und S&P 500 Index

2010 INVESTOR'S GUIDE FORTUNE 21. Dezember 2009

“Von 1989 bis 2008 hat sich der S&P500 mit etwas mehr als 8% pro Jahr entwickelt, der durchschnittliche Investor hat aber weniger als 2% verdient [...]”

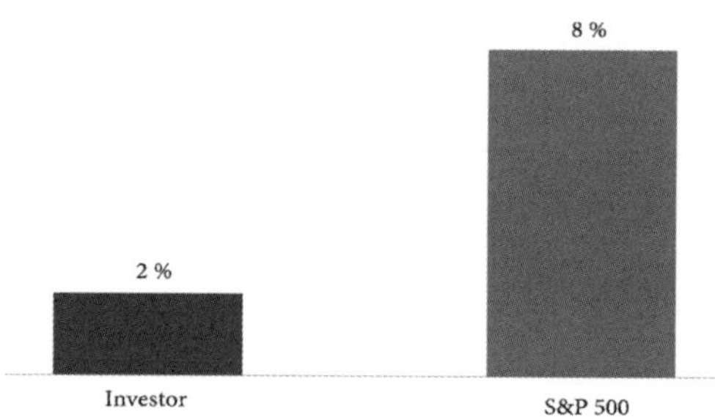

Für jede 1989 investierte Million:

1,48 Mio. 4,6 Mio.

Abb. 13: Investorengewinne und S&P 500 Index

Emotionale Finanzen

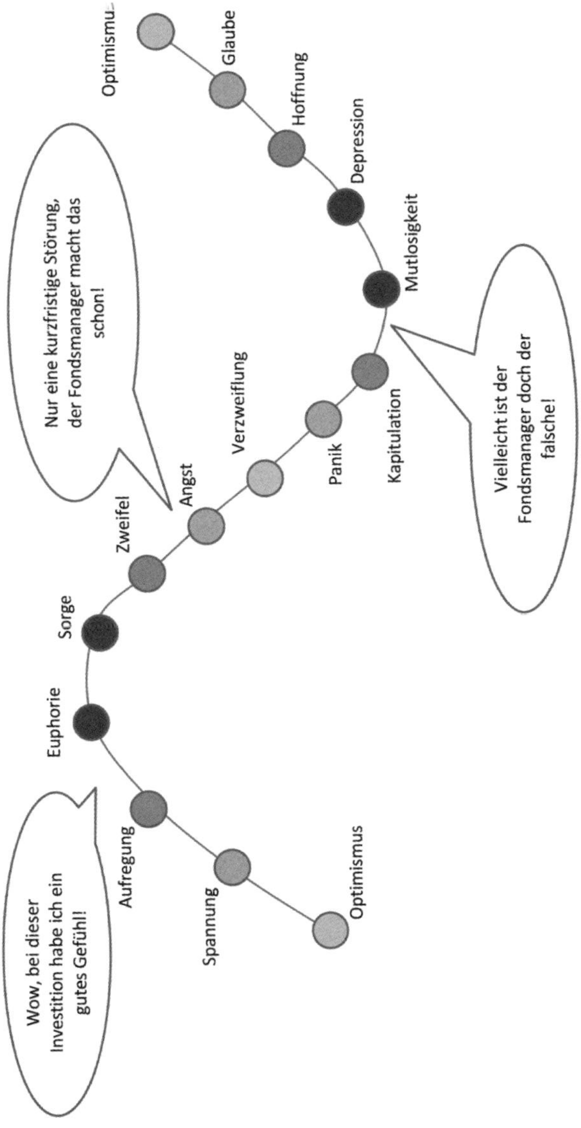

Abb. 14: Emotionen und Finanzen

Menschen können rationale Entscheidungen treffen, wenn es aber um ihre Finanzen geht, verschwindet oft die Ratio und Emotionen übernehmen. Angesichts der erratischen, unvorhersehbaren Märkte ist es nicht einfach, rationaler Investor zu sein.

Um ruhig zu bleiben, wenn die Märkte anfangen zu „spinnen", sollten Sie:

- nur Kapital ins Risiko stellen, das sie nicht zum Bezahlen Ihrer Rechnungen brauchen,
- eine Investmentstrategie auf Basis eines wohldefinierten Finanzplanes entwickeln,[131]
- den Plan nur ändern, wenn es Ihre persönliche Situation erfordert. Lassen Sie externe Effekte keinen Einfluss auf Ihre Ziele nehmen,
- sich nicht vom Medienrummel oder wilden Marktbewegungen beeinflussen lassen,
- sich daran erinnern, dass nicht einmal Experten Aktienkursentwicklungen vorhersagen können,
- die Idee aufgeben, besser als der Markt sein zu können.

131 Siehe technische Hinweise, „Ziele setzen und einen Finanzplan festlegen".

Index- und passives Management

Viele Leute – auch die Finanzprofis – neigen dazu, diese Begriffe zu verwechseln. Beide Methoden wurden in den 70er Jahren auf den Weg gebracht, als die ersten Studien zeigten, dass der Markt im Durchschnitt bessere Leistungen als die der aktiven Fondsmanager bietet.

Portfolio-Management zerfällt in drei Hauptkategorien:

I. aktives Management (*Stock Picking* etc. wie beschrieben),

II. Index-Management und

III. passives Management.

II. Index-Management:

Eliminiert *Stock Picking* und Managerauswahl, bleibt aber beim „Market-Timing".[132] Diese Technik beinhaltet immer noch Prognosen und damit das Risiko eines Irrtums.

- Nutzt Indexfonds, „Index Tracker" oder ETF´s (Exchange Traded Funds), um die Bewegungen eines gegebenen Indexes exakt nachzubilden. Man investiert in die meisten Aktien eines Index oder in künstliche Nachbildungen. Diese Methode konzentriert sich auf den sog. „Tracking Error", die Lücke zwischen Fonds und Referenzindex:
- Indices wurden zu Messzwecken erstellt und nicht für Investitionen.
- Indices favorisieren eher teure Aktien.
- Die meisten Indices beinhalten nur einen Teil der Anlageklasse, die sie repräsentieren sollen. Der MSCI World Index Tracker enthält nur etwa 1.700 von 75.000 Aktien – nur 2, 3% dessen was verfügbar ist.
- Indexfonds müssen immer nahe am Referenzindex bleiben und deshalb zur gleichen Zeit kaufen und verkaufen, wie alle anderen. Deshalb fallen sie dem Muster „buy high – sell low" zum Opfer und steigern nebenbei auch noch die Transaktionskosten.

---

132 Siehe technische Hinweise, „*Stock Picking,*" „*Market Timing,*" und „Beraterwahl".

- Indexfonds können unter hohen Prämien und Abschlägen leiden.
- Indexfonds werden aktiv gehandelt und erhöhen damit die Kosten für den statischen Investor.
- Viele Indexfonds werden von Börsenhändlern und Finanzberatern verkauft, was teuer werden kann.
- Indexfondsverkäufer behalten meistens einen großen Teil des Ertrags aus dem Aktienverleih für sich.

Hinweis: Die Wahl zwischen diesen Instrumenten fällt schwer, weil es bereits tausende von Indexfonds aller Art gibt. Trotz ihres Images als einfaches Produkt mit niedrigem Risiko erfordern Wachstum und Verbreitung der Indexfonds eine genaue Analyse der Fonds, besonders ihres Aufbaus und ihrer Vergütung.

III. Passives Management:

- Eliminiert *Stock Picking* und Beraterauswahl.
- Lehnt *Market Timing* ab. Passive Berater verlassen sich nicht auf Prognosen, weil sie wissen, dass man nicht vorhersehen kann, wann Märkte steigen oder fallen. Sie arbeiten mit der „kaufen und halten" – Methode. Wenn das Geld einmal investiert ist, wartet der passive Berater geduldig, bis der Markt die erwartete Rendite liefert. Nachdem der Investor bei seiner Investition bleibt, was immer auch passieren mag, braucht er sich nicht zu sorgen oder um Entscheidungen zu ringen. Wenn der Markt fällt, hat er einen Logenplatz zur Beobachtung seiner Erholung.
- Arbeitet mit Neugewichtung des Portfolios (Rebalancing). Damit kann der Berater niedrig kaufen und hoch verkaufen.
- Minimiert den dramatischen Effekt von Verwaltungs- und Transaktionsgebühren auf die Performance eines Portfolios. Dies berücksichtigend, wählt und verwendet ein passiver Berater nur passiv gemanagte Fonds mit niedrigen Kosten (total expense ratio (TER)[133]). Ein passives Portfolio sollte einschließlich aller Gebühren wie Verwaltung-, Händler-, Bank-, Transaktions- und Fondsgebühren nicht mehr als 1, 5% pro Jahr kosten.
- Eliminiert das Risiko von Irrtum, da alle Entscheidungen auf Tatsachen beruhen. Emotionale und Prognosefaktoren werden ignoriert.
- Arbeitet mit passiven Fonds und vermeidet Indexfonds, Tracker oder ETFs.

133 TER ist das Gesamtausgabenverhältnis, ein Maß dafür wie viel ein Fonds den Kunden jährlich kostet

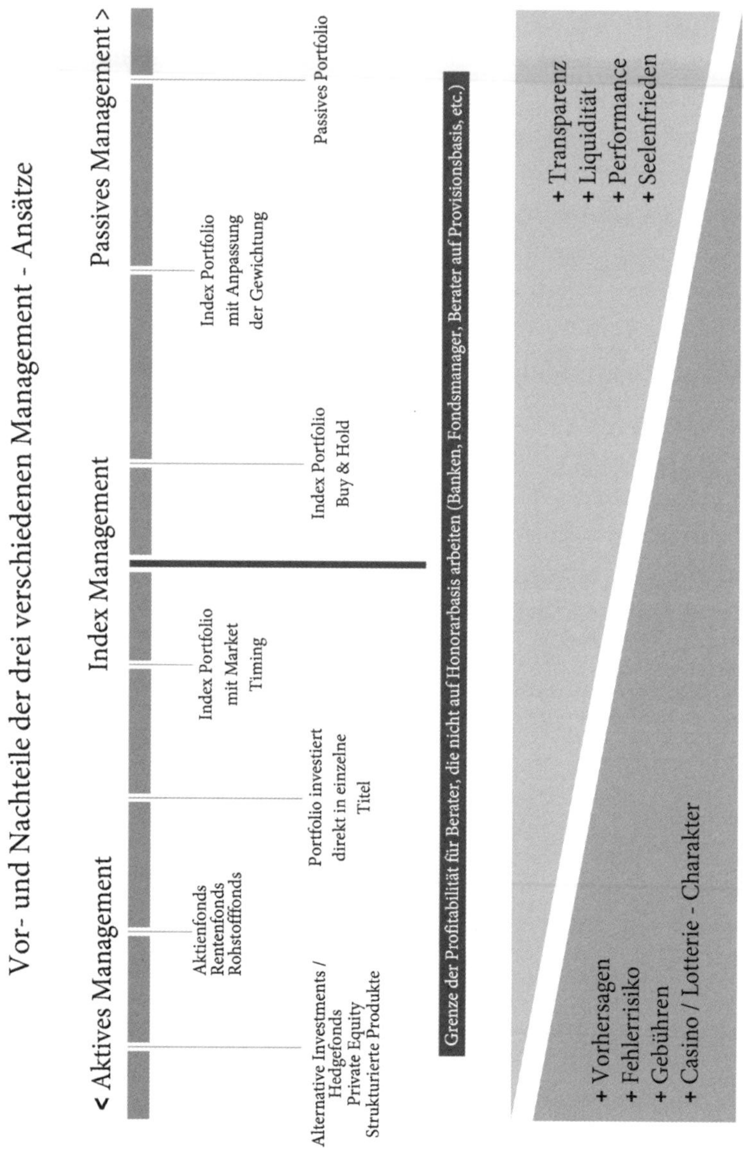

Abb. 15: Managementansätze

Geschichte des passiven Managements

Passives Management ist in der akademischen Forschung verwurzelt und basiert auf Fakten. Seine Methoden ergeben sich aus der Beobachtung des Marktes und den Schlüssen, die daraus gezogen werden können.

In den 50er Jahren konnten Wirtschaftswissenschaftler aufgrund der immer besser werdenden Leistung von Computern alle verfügbaren Daten zum Börsenhandel sammeln und speichern. Gleichzeitig machte man an der Universität Chicago bemerkenswerte Fortschritte bei der Entwicklung verschiedener Investmentmodelle. 1964 stellte William Sharpe das Capital Asset Pricing Modell (CAPM)[134] vor. Dieses Modell ist das Rückgrat der modernen Kapitalmarkttheorie und beweist, dass die Preisbewegungen auf dem Aktienmarkt nicht vorhersehbar sind. 1965 stellte Paul Samuelson die Idee in den Raum, dass der beste Schätzwert des inhärenten Wertes einer Aktie der Marktpreis selbst zu jeder Minute des Tages wäre.[135] Keine andere Schätzung könnte genauer als der Preis sein, den die Käufer und Verkäufer einer Aktie festsetzen. Im gleichen Jahr zeigte Eugene Fama, dass die Märkte so effizient sind, dass alle neuen Informationen genau und sofort im Preis jeder Aktie widergespiegelt werden.[136]

1968 stellte Michael Jensen die erste umfangreiche Performancestudie fertig, in der er 115 Aktienfonds zwischen 1945 und 1964 untersuchte. Sein Ergebnis war einfach: Kein Fondsmanager konnte Aktienpreise so gut prognostizieren, dass sein Fonds – außer durch pures Glück – besser abschnitt als der Marktdurchschnitt.[137]

134 William Sharpe, „Capital asset prices: a theory of market equilibrium under conditions of risk." *Journal of Finance* 19:3 (1964): 425-442.

135 Paul Samuelson, „Proof that Properly Anticipated Prices Fluctuate Randomly." *Industrial Management Review* (1965): 41.

136 Eugene F. Fama., Ph.D. Dissertation, „The Behavior of Stock Market Prices." *Journal of Business*, January *1965*.

137 Michael Jensen, „The Performance of Mutual Funds in the Period 1945-1965." *Journal of Finance* 23:2 (1967).

1973 präsentierte Burton Malkiel diese Forschungsergebnisse in seinem Buch „A Random Walk Down Wall Street“ der breiten Öffentlichkeit. Darin zeigt er, dass die meisten Aktienfonds gemessen am Index den Markt nicht übertreffen können. Als Fondsmanager entgegneten, dass man Indices nicht kaufen könne, meinte Malkiel, dass es höchste Zeit dafür würde.

Genau in diesem Jahr gründeten John McQuown und David Booth bei Wells Fargo und Rex Sinquefield bei der American National Bank of Chicago die ersten Fonds, die dem Standard & Poors 500 Index entsprachen. Diese Fonds blieben institutionellen Anlegern vorbehalten.

1974 gründete John Bogle die Vanguard Group und begann, passive Fonds anzubieten. (Die Vanguard Group ist mittlerweile der größte Aktienfondsmanager für private und institutionelle Investoren in den USA). Im Dezember 1975 legte Bogle den ersten Indexfonds auf und lies sich dabei von den drei Veröffentlichungen inspirieren, die seine Doktorarbeit stützten: „Challenge to Judgement“ von Paul Samuelson; „The Loser's Game" von Charles Ellis and „Some Kinds of Mutual Funds Make Sense" von Al Ehrbar.

Das von Vanguard gemanagte Anlagevolumen war anfänglich relativ gering (ca. 11 Millionen USD), überstieg aber 1999 die Marke von 100 Milliarden USD. Im Jahr darauf übernahm Vanguard den Magellan Fund und wurde zu einem der größten Fonds der Welt.

Die Hypothese des effizienten Marktes

Die Hypothese des effizienten Markts (efficient market hypothesis (EMH))[138] stellt fest, dass der Preis einer Aktie im Handel jederzeit bereits jede verfügbare Information beinhaltet und sich sofort ändert, wenn neue Informationen auftauchen. Die zukünftigen Preisbewegungen hängen von neuen Daten ab, die man unmöglich vorhersehen kann und die jedermann zur gleichen Zeit zur Verfügung stehen.

Kritiker der EMH-Theorie argumentieren damit, dass Märkte irrational sind. Sie weisen darauf hin, dass Preise manchmal anormal tief oder hoch sind – Beispiel die Technologieblase 1999. Sie haben Recht und die EMH unterstützt sie sogar. Märkte sind wirklich oft irrational. Die Theorie behauptet aber auch nicht, dass Märkte rational oder Preise fair sind. Die EMH erklärt nur, dass irrationales Verhalten schwer zu entdecken ist und nach der Entdeckung gleich wieder verschwindet. Konsequenterweise können Investoren daraus nicht so viel Nutzen ziehen, dass sie damit besonders gute Renditen erzielen könnten.

Die Auswirkungen der Hypothese des effizienten Markts sind wichtig. Ein Investor kauft (oder verkauft) eine Börsenanlage unter der Annahme, dass ihr eigentlicher Wert höher (oder niedriger) als ihr Preis ist, und hofft vom Unterschied zu profitieren. Aber weil niemand weiß, was sich in der Zukunft ändern wird …

138 Eugene F. Fama, „Efficient Capital Markets: A Review of Theory and Empirical Work." *Journal of Finance* 25:2 (1970): 383-417.

Danksagung von Alexandre Arnbäck und Trevor Pavitt

Sarah Genequand, ohne die dieses Buch nie das Tageslicht gesehen hätte.

Unseren Mandanten, die die ersten waren, die uns vertraut haben. Offen für neue Konzepte hatten sie auch den kritischen Geist, die Aussagen der gesamten Branche in Frage zu stellen. In den regelmäßigen Meetings mit ihnen haben wir gelernt, unseren Finanzjargon in transparente, verständliche Sprache umzuwandeln. Ihr Enthusiasmus und ihr Zuspruch haben uns zu diesem Buch inspiriert.

Unseren Frauen Andreia und Annelie und unseren Müttern Magda und Ulrica, die uns mit großer Geduld und Stärke unterstützten.

Unseren ersten Lesern, deren Kritik außerordentlich wertvoll war: Malak Poppovic, Francoise Wicht, Gérard Fatio, Alan Hughes, Raphaële Arnbäck, Philippe Roch, Alexandre Constantinescu, Alexis Zottos, Jean Brunel, Michel Oltramare, Jacques Boissonnas und Grégoire Worko.

Allen, die uns Hilfe anboten: Candice Bal, Véronique Bühlmann,

Lygia, Marcela Lima Tomaz, Sonia Santos, Nicole Schwab, Majid El Sohl, Lise Moeller und Charles Monney.

Und schließlich allen, die anonym bleiben wollten.

Über die Autoren

Markus Marquardt

Markus Marquardt hat sich zur Aufgabe gemacht, erfolgreichen Persönlichkeiten zu helfen, vernünftige finanzielle Entscheidungen zu treffen. Dabei verfolgt er einen beratenden Ansatz, um zu untersuchen, wo seine Mandanten heute stehen, was sie in der Zukunft erreichen wollen und wo ihre ganz persönlichen Herausforderungen liegen, die es zu lösen gilt.

Mit einem Team von Experten erstellt er für seine Mandanten einen Vermögensplan, der alle für Wohlhabende bedeutenden Aspekte hinsichtlich Vermögensschutz, Vermögensmehrung, Erbschafts- und Schenkungsplanung sowie Wohltätigkeit abdeckt.

Nach seiner Ausbildung in einer Steuerkanzlei in München studierte Markus Marquardt in Regensburg Betriebswirtschaft mit dem Schwerpunkt Bank-, Finanz- und Investitionswirtschaft. Während seiner beruflichen Laufbahn war er 13 Jahre lang in Führungspositionen zweier Private Finance Unternehmen tätig. Mit seinen Teams betreute er eine anspruchsvolle Privatkundenklientel hinsichtlich Finanzplanung, Vermögensstrukturierung und -verwaltung. Um frei von Interessenskonflikten und Vertriebsdruck beraten zu können, gründete er MARQUARDT & KOLLEGEN (www.marquardt-kollegen.com).

Alexandre Arnbäck

Alexandre Arnbäck ist ein Finanz-Coach. Sein Anliegen ist, Kunden bei der Klärung ihrer aktuellen Lage zu begleiten. Er möchte sie dabei unterstützen, persönliche Pläne zu erstellen und alle ihre Probleme anzugehen, um sicherzustellen, dass sie ihre Ziele auch erreichen.

Arnbäck hat einen Master of Business Administration der ESADE Business School in Barcelona und der Duke University. Er begann seine berufliche Laufbahn als Leiter einer Analyseabteilung und trat dann in die Privatbank Lombard Odier Darier Hentsch & Cie ein. Als Privatbanker arbeitete er acht Jahre lang in Genf und auf den Bahamas.

Trevor Pavitt

Trevor Pavitt nutzt seine 20-jährige Bankerfahrung, um Menschen zu helfen, die mit finanziellen Übergangssituationen konfrontiert sind. Seine Expertise ermöglicht ihnen, sicher durch die komplexen finanziellen Situationen von Pensionierungen, Heirat oder Scheidung, Verkauf von Unternehmen oder Liegenschaften oder der Übernahme eines Bonus oder einer Erbschaft zu navigieren.

Pavitt hat einen Businessabschluss der Universität Genf. Er erhielt eine Börsenmaklerlizenz der Securities und Exchange Commission in New York und studierte Management an der INSEAD in Paris. Er arbeitete bei der Trade Development Bank, der Boston Trust & Deposit Company, der American Express Bank, bei KPMG und Digital und war dann Direktor des Iberia and Latin America Teams bei Barclays Wealth in Genf.

Stimmen zum Originaltitel „Heal Your Investments“:

„Eine erstaunliche Reise ins Zentrum des Vermögensmanagements. Erfolgreiche Vereinfachung ohne Entstellung“

Paul H. Dembinski

Direktor des Observatoire de la Finance

Professor an der Universität Fribourg

„Ein sehr interessantes Buch und eine große Hilfe für alle, die sich um Ihre Geldanlagen kümmern wollen.“

Knut Ramel

Senior Advisor, UBS

„Das Buch beschreibt das einzige Geldanlagekonzept, das man der eigenen Familie empfehlen würde. Inkompetente Berater werden das Buch ignorieren, genauso wie sie alle Ergebnisse wissenschaftlicher Untersuchungen des Finanzmarktes ignorieren. Unehrliche Berater werden den Nutzen dieses Buches missachten, genauso wie sie die Interessen ihrer Kunden missachten. Auf jeden Fall ist es ein Ausgangspunkt für konstruktiven und intelligenten Meinungsaustausch mit allen kompetenten und ehrlichen Beratern.“

Anonymer Börsenmakler

„Eine erhellende Erfahrung für den Laien. Es ist erstaunlich, dass so starkes empirisches Beweismaterial nicht öfter in derartigen Veröffentlichungen Verwendung findet.“

Alexandre Constantinescu

COO Stampa Group

„Eine sehr gründliche Erklärung dafür, was bei Investitionen funktioniert und was nicht. Für den skeptischen Leser wird jeder Inhalt mit einer Fußnote zu wissenschaftlichem Beweismaterial hinterlegt. Der Leser wird weg von den Gefahren risikobehafteter Spekulation hin zu realistischen und erfolgreichen Anlagestrategien geführt."

Michael Barr

Autor von How to Invest Better than the Average Primate

Fellow der Personal Finance Society, UK

„Wenn Sie Ihre Ersparnisse auf dem Finanzmarkt investieren wollen, sollten Sie dieses unterhaltsame und leicht verständliche Buch so bald wie möglich lesen."

Spiros Mylonopoulos

CEO, Bergendahl & Son AB

„Dieses Buch kennzeichnet die fundamentalen Schwächen der Angebote von Banken und Vermögensberatern. Es zeigt darüber hinaus auch eine einfache und attraktive Alternative für viele."

Icke Hamilton

Senior Advisor, Erik Penser Bank

„Die Autoren erklären sehr erfolgreich, warum Ihr Vermögensberater kein Berater sondern ein Verkäufer ist, der Sie für ‚Beratungen' ohne zu erwartenden Mehrwert hohe Gebühren zahlen lässt.„

Harry Flam

Professor für Internationale Volkswirtschaft,

Universität Stockholm

„'Heal your Investments' scheint mir ein sehr weises Buch zu sein, das auf sehr einsichtige Art und Weise erklärt, worum es beim Portfoliomanagement geht. In turbulenten Zeiten (oder sogar den derzeit trüben) ist es ein Buch, das genau auf den Punkt kommt."

Pierre de Senarclens

Professor an der Universität Lausanne

„Nachdem ich Ihr Buch gelesen habe, fand ich wieder zu Selbstvertrauen als Kunde meiner Bank. Jetzt begegne ich den Bankberatern im Bewusstsein, dass ich Kunde bin und das Recht beanspruchen kann, dass man für mich arbeitet. Vielen Dank dafür, dass Sie mir dabei geholfen haben, wieder Kontrolle zu finden."

Ms C.

„Zum Vergleich eine Metapher aus dem Buch: In einem dunklen Raum hat ein Kind Angst vor dem Unbekannten. Die Autoren geben dem Investor, der vor der Dunkelheit des Unbekannten Angst hat, eine Laterne in die Hand, um Licht zu haben und zu entdecken, was wirklich im Raum ist. Mit Grundwissen und Prinzipien, die niemand außer Acht lassen kann, werden Geister und Sirenengesänge verscheucht."

Pedro Sepúlveda Gutiérrez

Direktor des Finanzprogramms für Direktoren,

Executive Education, ESADE Business School

„Dieses Buch ist schneller und leichter Lesestoff sowohl für den blutigen Anfänger als auch für den erfahreneren Investor. Klar und ausführlich recherchiert mit Zitaten von Adam Smith (1776) bis zu den aktuellen Fehleinschätzungen von Dominique Strauss-Kahn (... den finanziellen!) und gespickt mit dem Wissen zahlreicher Nobel-Preisträger. Der Teil mit den technischen Hinweisen am Ende ist besonders interessant. Wenn Sie

dieses Buch gelesen haben, wird sich Ihr pompöser Banker/in auf seinem/ihrem Sessel winden. Schon dafür lohnen sich die 20 USD Investition. Ich empfehle das Buch jedem, der ein bisschen Geld hat, bis hin zu den Mega-Reichen.“

Robin Morris

Kommentar auf Amazon.com

„Ein Buch zu dem jeder Zugang findet. Auch jemand ohne Finanzerfahrung versteht den Inhalt schnell. Das Buch ist sehr gut strukturiert; Respekt den beiden Autoren für ihre Recherchearbeit, die es ihnen erlaubt, manchmal komplexe Vorgänge einfach und klar zu erklären.“

Serge Guinand

UBS

*„Ich fand dieses Buch faszinierend und sehr lehrreich. Die Autoren verdienen Applaus daf*ür, dass sie den Mut hatten, gewisse Tabus mit Wissen und Information zu konfrontieren.“

Rémy Baddour

Insurance broker

„Schon nach wenigen Stunden Lesen wird das manchmal so undurchsichtige System, das die Banken verwenden, klar und verständlich. Die Autoren führen Schritt für Schritt und verwenden Beispiele aus dem täglichen Leben, um verständlich zu machen, wie eine Bank funktioniert, ohne zu zögern, auch kritische Punkte anzusprechen. Das Buch macht vielleicht nicht intelligenter, wird aber sicher verhindern, dass Sie über's Ohr gehauen werden.“

Ein Bankenanwalt

„Das ist ein wirklich einfaches Werk, zu dem jeder Zugang findet. Es ist wahr, präzise und wendet sich an alle Manager … Ich wünsche mir nur, dass sie es auf dem Nachttisch liegen haben, um hineinzuschauen und zu lernen, gerade weil es HÖCHSTE Zeit ist, einzugestehen, dass Kunden nicht weiter die Cash Cows für ein korruptes, undurchsichtiges, ja sogar veraltetes System sein können! Beiden sei Dank für diesen ehrlichen und hochaktuellen Bericht."

Alexandre de Pierpont

Berater

„Welchen Standpunkt der Leser auch immer in der Auseinandersetzung zwischen aktivem und passivem Management einnimmt, was immer er über die Praktiken des Vermögensmanagements denkt – die Fakten, die dieses Buch ans Licht bringt, können nicht ignoriert werden."

Christian Mustad

Partner, Edgar Brandt Advisory

„In einer Zeit in der es wichtig ist, die Spreu vom Weizen zu trennen, in der Regulierungen drücken und Interessenkonflikte entstehen, gibt es doch einige Finanzberater, die bereit sind, positive Praktiken zu entwickeln. Das gilt auch für diese Bankeberater/Autoren, die Investoren eine Investitionsmethode zugänglich machen, die man als „passive" Investition bezeichnet. Eine wirklich intelligente, rationale Strategie, die rein im Interesse des Kunden liegt."

Denis Dupré

Professor für Finanzwirtschaft und Ethik

Inhaber des „Responsible Managers" Lehrstuhls,

Universität Grenoble

„Das Buch macht deutlich, was ich längst zu den versteckten Gebühren von Banken vermutet hatte. Es bestärkt mein Bauchgefühl, dass ich verraten und betrogen werde. Dieses Buch gibt mir den Mut, mit meiner eigenen Investitionsstrategie fortzufahren und verstärkt meine Skepsis zu den Investitionsratschlägen der Banken."

Ms L.

„Braucht ein Investor wirklich Krücken (teure Finanz-‚Experten'), wenn er schneller auf eigenen Füßen gehen kann?"

Antonio Delfim Netto

Em. Professor der Fakultät für

Wirtschafts- und Verwaltungswissenschaften

Universität São Paulo, früherer Finanzminister

Literaturverzeichnis

Bücher

Adam Smith, „An Inquiry into the Nature and Causes of the Wealth of Nations", 1776.

Alfred Marshall, „Principles of Economics", 8th ed. New York: Cosimo Inc., 2009.

Anil Gaba, Robin Hogarth, and Spyros Makridakis, „Dance with Chance." Oxford: Oneworld Publications, 2009.

Burton G. Malkiel, „A Random Walk Down Wall Street", New York: W.W. Norton & Company Inc., 2007.

Charles D. Ellis, „Winning the Loser's Game, Timeless Strategies for Successful Investing", New York: McGraw Hill, 2002.

Christopher R. Balke and Matthew Morey, „Morningstar Ratings and Mutual Fund Performance", Fordham University's Graduate School of Business. December 22, 1999.

Gary Belsky and Thomas Gilovich, „Why Smart People Make Big Money Mistakes, and How to Correct Them", New York: Simon & Schuster, 1999.

Harry M. Markowitz, „Portfolio Selection: Efficient Diversification of Investments", New York: John Wiley & Sons, Inc., 1959.

Jeremy J. Siegel, „Stocks for the Long Run", New York: McGraw-Hill, 1998.

John C. Bogle, „Common Sense on Mutual Funds", Hoboken, NJ: John Wiley & Sons, Inc., 2010.

John C. Bogle, „The Little Book of Common Sense Investing", Hoboken, NJ: John Wiley & Sons Inc., 2007.

John Bowen, Jr. and Daniel C Goldie. „The Prudent Investor's Guide to Beating Wall Street at Its Own Game", Kindle Edition, 1998.

Larry E. Swedroe, „The Only Guide to a Winning Investment Strategy You'll Ever Need", New York: Truman Talley Books/Dutton, 1998.

Larry E. Swedroe, „What Wall Street Doesn't Want You to Know", New York: Truman Talley Books/Dutton, 2001.

Richard A. Ferri, „All About Asset Allocation", New York: McGraw-Hill, 2006.

Richard A. Ferri, „All About Index Funds", New York: McGraw-Hill, 2002.

Richard A. Ferri, „The ETF Book, All You Need to Know About Exchange-Traded Funds", Hoboken, NJ: John Wiley & Sons Inc., 2007.

Ron Ross, Ph.D. „The Unbeatable Market, Taking the Indexing Path to Financial Peace of Mind", Eureka, CA: Optimum Press, 2002.

Sasha Gironde, „La Neuroéconomie, Comment le cerveau gère mes Interest", Paris: Edition Plon, 2008.

Sidney Homer, „A History of Interest Rates", New Brunswick, NJ: Rutgers University Press, 1963.

Smith Barney Consulting Group, „Why Top Performance Is a Poor Indicator of Future Performance", 1997.

Tim Hale, „Smarter Investing: Simpler Decisions for Better Results", 2nd ed. Harlow, U.K.: Pearson Education Ltd, 2009.

William Berstein, „The Intelligent Asset Allocator", New York: McGraw Hill, 2001.

William A. Sherden, „The Fortune Sellers", New York: John Wiley & Sons, Inc., 1998.

William Bernstein, „The Four Pillars of Investing: Lessons for Building a Winning Portfolio", New York: McGraw Hill, 2002.

Artikel

AFP, „La crise va empirer selon DSK. " Le Figaro. 12.12.2008.

Alfred Cowles III, „Can Stock Market Forecasters Forecast?", Econometria 1:3 (July 1933).

Andy Baker, The Economist, Special Report „Money for Old Hope." 01.03.2008.

Anna Robaton, „FRC Study Raps Morningstar Ratings: All-Star Battle Over Performance." Investment News. 29.03.1999.

Brad M. Barber. Terrance Odean, and Lu Zheng, „Out of Sight, Out of Mind: The Effects of Expenses on Mutual Fund Flows." Journal of Business 78 (2005).

Christian Nolterieke, „Cut the Costs of Wealth Management." 28.05.2009. http://www.myprivatebanking.com/report/wealthguide-2

Claire Gatinois and Anne Michel. „Société Générale: six questions sur une fraude." Le Monde, 26.01.2008.

DALBAR Study „Shows Market Timers Lose Their Money." Press release, April 2004.

D. Kahnemann, E. Higgens, and W. Riepe, W. „Aspects of Investor Psychology." Journal of Portfolio Management 24:4 (1998).

David Bogoslaw, „Retirement: Goal-Based Investing Gains Traction." Bloomberg Businessweek. 18.08.2009.

David Booth and Eugene F. Fama, „Diversification Returns and Asset Contributions." Financial Analysts Journal. May/June 1992.

Ellen Langer, „The Illusion of Control." Journal of Personality and Social Psychology 32:2 (1975).

Eugene F. Fama & Kenneth R. French, „Common Risk Factors in the Returns on Stocks and Bonds." Journal of Financial Economics 33:1 (1993)

Eugene F. Fama and Kenneth R. French, „Luck versus Skill in the Cross Section of Mutual Fund Returns." Journal of Finance (December 2009)

Eugene F. Fama and Kenneth R. French, „The Cross-Section of Expected Stock Returns." Journal of Finance 47 (1992).

Eugene F. Fama and Kenneth R. French, „The Cross-Section of Expected Stock Returns." Journal of Finance, December 1998

Eugene F. Fama and Kenneth R. French, „Value versus Growth: The International Evidence." Journal of Finance, December 1998

Eugene F. Fama, „Efficient Capital Markets: A Review of Theory and Empirical Work." Journal of Finance 25:2 (1970).

Eugene F. Fama, Ph.D dissertation, „The Behavior of Stock Market Prices." The Journal of Business (January 1965)

Gary P. Brinson, L. Randolph Hood, and Gilbert L. Beebower. „Determinants of Portfolio Performance." Financial Analysts Journal, July-August 1986, Follow-up study, „Revisiting Determinants of Portfolio Performance: An Update" 1990 Working Paper, 1986, 1990.

Gregory Zuckerman, „Love'em! Hate'em!" The Wall Street Journal. 07.02.2005.

Hilary Osborne, „Financial advisers' commission to cease, says FSA." guardian.co.uk, 26.03.2010.

Ian Cowie, „Warren Buffet „fund" illustrates rip off management charges." Daily Telegraph. 29.09.2010.

Interview of John Bogle by Heather Bell „Active vs. Passive." Journal of Indexes. March/April 2009.

Interview of Warren Buffett by Julia Boorstin, „The Best Advice I Ever Got." Fortune Magazine. 21.03.2005.

James K. Glassman, „Attempts to Time the Market Always Leave the Investor Out of Sync." New York Times.12.11.2001.

James L. Davis, „Mutual Fund Performance and Manager Style." Financial Analyst Journal 57:1 (2001).

Jason Zweig. „Why Many Investors Keep Fooling Themselves." Wall Street Journal. 16.01.2010.

Jean-Claude Péclet, „Comment payer mon banquier?" Le Temps. 02.02.2009.

Jeremy J. Siegel, „Efficient Market Theory and the Crisis." The Wall Street Journal. 27.10.2009.

Jhoanna S. Robledo, „Because we wouldn't trade a patch of grass for $528,783,552,000." http://nymag.com/nymetro/news/reasonsto-loveny/ 15362, December 18, 2005.

John Arlidge, „I'm Doing God's Work: Meet Mister Goldman Sachs." Sunday Times. 08.11.2009.

Jonathan Clements, „Only Fools Fall in…Managed Funds?" Wall Street Journal. 15.09.2002.

Kenneth R. French, „The Cost of Active Investing." Journal of Finance, http://ssrn.com/abstract=1105775, April 2008.

Mark Grinblatt and Sheridan Titman, „The Impact of Performance-based Fees on Pension Fund Management." Finance Working Paper, Anderson Graduate School of Management, University of California at Los Angeles, rev. February 1987.

Mark Hulbert, „Can You Beat the Market? It's a $100 Billion Question." New York Times, 09.03.2008.

Michael Jensen, „The Performance of Mutual Funds in the Period 1945–1964."Journal of Finance 23:2 (1967).

Pat Regnier. „Can You Outsmart the Market?" Fortune 2010 Investor's Guide, 11.12.2009.

Paul A. Samuelson, „Proof That Properly Anticipated Prices Fluctuate Randomly." Industrial Management Review 6:2 (1965).

Philip Coggan, The Economist, Special Report „Money for Old Hope." 01.03.2008.

Pierre Novello, „Le point sur les commissions d'émission et les rétrocessions." Le Temps, 03.02.2010.

Prof. L. Barras, O. Scaillet, and R. Wermers, Swiss Finance Institute. „False Discoveries in Mutual Fund Performance: Measuring Luck in Estimated Alphas." in Research Paper Series N°08-18, 2008.

Stephen J. Brown, William N. Goetzmann, and Liang Bing, „Fees on Fees in Funds of Funds." Journal of Investment Management 2, 2004.

Steven L. Heston, Geert K. Rousenhorst, and Roberto E. Wessels, „The Structure of International Stock Returns and the Integration of Capital Markets," Journal of Empirical Finance 2:3 (1995).

Sylvain Cypel. „Comment 'Bernie' les a tous bernés." Le Monde, 16.12.2008.

Warren Giles, „Rich Pumped for Fees in Banking Conflict of Interest." Business Week, 24.03.2010.

William F. Sharpe, „Capital Asset Prices: A Theory of Market Equilibrium Under Conditions of Risk." Journal of Finance 19:3 (1964).

William F. Sharpe, „The Arithmetic of Active Management." Financial Analysts Journal 47:1 (1991).

Yves Genier, „L'insatisfaction d'une perte est plus forte que le plaisir d'un gain." Le Temps, 29.09.2007.

Internetseiten

Berkshire Hathaway's annual report for 2005 http://www.berkshirehathaway.com/2005ar/2005ar.pdf

Confédération Suisse, Office fédéral des assurances sociales, communiqué sur les rétrocessions, 08.04.2010 www.bsv.admin.ch/aufsicht-bv/02024/02064/index.html?lang=fr

http://www.longbets.org/362

http://www.richelieufinance.fr/fr/revueDesMedias/view?id=11

Ombudsman des banques suisses, „Rendement élevé égale risque élevé", Communiqué of 07.07.2009 http://www.bankingombudsman.ch

Standard & Poor's „Does Past Performance Matter?" June 2010 http://img.en25.com/Web/StandardandPoors/PersistenceScorecard_June10_Final.pdf

Standard & Poor's „Standard & Poor's Indices Versus Active Funds Scorecard, Year End 2008." 20.04.2009, http://www.standardandpoors.com/indices/spiva/en/us

www.bloomberg.com

Fernsehen

Frédéric Goujon, „Et si UBS faisait faillite?" Toutes Taxes Comprises (Swiss television series, TSR 1), 09.03.2009.

Abbildungsverzeichnis